佛教念珠全書

心舫———編著

【出版緣起】

朝聖者的信仰之旅　　林宏濤

商周出版編輯顧問

台灣社會正面臨各種矛盾的新衝擊。醜陋的資本主義經濟和環保的覺醒在做拉鋸戰；教育和資訊之普及是史上未有的，而精神世界卻也愈加的空洞。在宗教信仰上，人們都只殘留著原始的無知。我們從歷史和傳統中失了根，在和宗教的對話上，我們失去了應該有的精神底蘊，就像我們和自然、社會以及個人的互動越來越疏離一樣。在某方面，我們的文化是後退到某個蒙昧時代的原點上。

然而人類對超越界的渴望和上古史一樣的久遠，也始終存在於深層的靈魂之中。在遠古時代，或是現代的某些部落裡，宗教不只是人與超越者的關係，也是對於世界乃至宇宙的認知進路。文明化的歷程使得人類朝聖的動機更加多元化；無論是在集體潛意識中遺傳下來的衝動、對崇高的造物者的震懾或受造感、或是對生命終極關懷的探索、苦難的解脫，甚至只是在紛擾的現代生活中尋找一個桃花源，儘管這些內在的聲音在城市和慾望的喧囂中顯得特別微弱，但是人們對超越界的追尋卻始終沒有停止過。

在彼岸的是諸神，在塵世的是人類，而宗教是人和神相遇的地方。它也是神人互動的歷程。在這朝聖之旅當中，我們有說不完的感動、恐懼和迷惑；而世界不同角落的人們也以不同的方式和不同形式的神祇溝通交往。因為宗教既是社會的，也是個人內心的；宗教曾經既是社會結構的穩定性形式，也是個人心靈的寄託。在個人主義的現代社會裡，宗教更是內在化為生命意義和存在故鄉的自覺探索。

除了生命價值和根源的追尋以外，道德的實踐，人格的成就，和淑世

的理想，更是宗教的存在根據。從字源學看 *religio*（拉丁文的宗教）的可能意義，可以了解宗教的倫理面向，它可能是 *religere*（忠誠的事奉和歸屬），或是 *religare*（與自身的源泉或終點相連），而因為人可能遠離他的故鄉，所以它也可能是 *reeligere*（重新選擇去活在這源泉或終點裡）。如此我們便形構了一個生動的宗教圖式：人虔誠的遵循神的誡命，藉以與神同在，而人也會墮落，因此也會悔罪回頭。在許多宗教，如佛教、耆那教、拜火教、猶太教、基督教、以至於伊斯蘭教，倫理一直是他們的重要課題。法句經說：「諸惡莫作，眾善奉行，自淨其意，是諸佛教。」釋迦牟尼觀察緣起法的生死流轉，依八正道而解脫，以世間正行端正自己，清淨自己的行為而得正覺，這是人類精神自由的完美典範。理性主義興起後，宗教的道德意義由德性的實踐到道德良知根源的反省，進而推及生命的愛，新的人文主義從這堅實的倫理世界獲得源頭活水，或許也是宗教的新生。

　　《人與宗教》系列叢書，就像每個朝聖之旅一樣，試著從宗教的各個面向去體會人和宗教的對話歷史，使人們從各種信仰思維中沉澱下來，理性地思考「宗教是什麼」的基本問題。我們將介紹宗教學的經典作品，從神學、宗教心理學、宗教社會學、宗教哲學、比較宗教學到宗教史，為有興趣研究宗教現象的讀者基礎的文獻；另一方面，我們也想和讀者一起分享在世界每個角落裡的朝聖者的經驗，可能是在修院、寺廟、教會裡，也可能在曠野、自然、城市中，也包括他們在工作和生活當中對生命的體會。

　　在各個宗教裡，朝聖有個重要的意義，那就是暫時遠離生活的世界，經過旅行的困頓和考驗，最後到達聖地，那裡是個神聖的地方，是心靈的歸鄉。我們希望在《人與宗教》的每一本書裡，都能和讀者走過一次朝聖者之旅。

目錄CONTENTS

引 言

　　提到念珠，印象中彷彿是修持者手上的一項飾物。宗教藉由念珠這項法器的運用，除了可以輔助修行作為計數之用，更是制心一處，消除紛飛雜念，讓思緒平靜，開啟智慧之門，為內心帶來清淨與能量的依憑！

　　對大部分人而言，配戴一串念珠，可有趨吉避凶之寄託，也有點綴裝飾的效果，但是如何讓念珠真正發揮其正面的助益，卻很少人去探究這些疑問。

　　念珠的種類與材質豐富多樣，簡單一串念珠，蘊含佛家的深意，然而，念珠到底從何而來？念珠的數目究竟有何特殊意涵？念珠材質的不同，所產生的特殊能量，會給我們帶來什麼樣的幫助？念珠持念佛號、咒語之後，所產生的加持力，可以為我們帶來什麼樣的影響？

　　藉由本書，為你解決關於念珠的種種疑惑，完整介紹念珠的知識，呈現念珠的各種風貌，相信可以讓你對於念珠有深入的認識，不論在選擇或使用上，都能更加得心應手，歡喜活用這項珍寶！

【第一篇】

念珠的認識

第*1*章　念珠的緣起

　　念珠對許多人而言，其實並不陌生，早期在人手一串念珠下，伴隨梵唄聲，聲聲滌盡內心的污濁，那是吉祥、是圓滿、是佛心等等的表徵，也是自我內在清淨的優質裝飾。

　　不過，現在的念珠，不僅是信仰崇拜、單純的誦念計數器，更是流行時尚的最佳裝飾，不論在式樣上、形狀上、質料上，都有著重大改變，美輪美奐、耳目一新到令人目不暇給。

　　但您知道念珠是什麼嗎？它又是如何流傳下來的？念珠的材質有哪些呢？現在我們就一起探索，關於念珠的種種及歷史演繹。

念珠探源

▌念珠先驅來自瓔珞鬘條

　　念珠起源於何時其實已經不可考，不過從許多的傳記或是歷史的記載，我們大概可以因循的脈絡，可能源於古印度時的貴族和皇室。在當時，他們通常有配飾瓔珞的習慣，而所謂的瓔珞，是以各種珍貴的寶物所做成，舉凡戴在頭上者稱為瓔，戴在身上的為珞。念珠的梵文之意是：數珠、珠鬘、念誦鬘與珠的貫線之意，因此古印度人以瓔珞鬘條纏身的風俗，就演變成後來念珠的使用。早期佛教並沒有配戴念珠的紀錄，最早有記載的時期是根據印度西北所發掘出的「龍王歸佛」雕像中，有一尊懸著念珠的婆羅門像，因而推斷，佛教開始使用念珠，大約在西元二世紀。直到後期的佛教，承襲古印度的風尚，念珠逐漸演變成修行念佛最普及的工具。

▌佛教傳承，發光發熱

佛教經典中有關佛珠源起的記載，在《木槵子經》提到：「若欲滅煩惱障、報障者，當貫木槵子一百八，以常自隨。」由此經典得知，想要滅除煩惱、報障者，要以木槵子穿成一百零八顆念珠，並隨身攜帶。

其實這個典故，源自於佛陀在靈鷲山說法時，剛好鄰近有一個弱小的國家，經常受到強國的侵略，然而更禍不單行的是，小國境內正瘟疫肆虐，人民的痛苦可想而知，在內憂外患下，身為一國的國王，心裡著急，卻是一籌莫展。

有一天，這個國王來到佛陀面前，誠心頂禮，祈請佛陀指點迷津，要怎樣修行才能讓他的子民能徹底離苦得樂？這時，慈悲的佛陀將一百零八顆的木槵子串起，耐心教導國王，每撥一顆木槵子，就要真誠地發自內心，稱念一聲佛號，倘若能做到如此，週而復始持續不懈，直到稱誦二十萬遍之後，身心自得安樂，不再紛亂。

佛陀親授這串念珠給國王，歡喜納受的國王回到王宮後，隨即派人製作了成千上百串的念珠，分贈給他的子民，依照佛陀的教導，要大家每天手不離念珠，誠心念佛，就這樣，經過了一段時日，國境果然漸趨安定，瘟疫不再橫行，全國上下也因此精進念佛，締造了安詳和平的社會氛圍。

時至今日，不管信佛與否，許多人手腕上配戴念珠、念珠纏繞，或在胸前掛著念珠，因為對大部分人來說，念珠成為一種襯托氣質的裝飾品與藝術品。

　　無論如何，念珠在宗教信仰與藝術美感參照下，不僅發揮了原本實用的功能，也意外增添不少收藏的價值。

▋ 在中國，念珠始於東晉之際

　　在中國，念珠最早應始於東晉（約西元三一七至四二〇年）時代，那時異域的僧侶來華者眾多，念珠成為這些外國沙門中人，必然的最佳朝貢獻禮。

　　時至唐代，那時佛教大為興盛，當時雕刻的佛像上都刻有念珠，有關念珠的記載經典被廣泛傳譯，如《陀羅尼集經》、《金剛頂瑜伽念珠經》、《校量數珠功德經》，以及《曼殊室利咒藏中校量數珠功德經》等等，主要內容大多是在講述持珠念三寶的功德。根據《續高僧傳》中明確記載：「人各掐珠，口同佛號。」由此可知，在當時不論是朝野上下，還是僧俗之間，使用念珠來稱名計數的習慣已經非常普遍。

　　念珠演變至今，是許多僧俗隨身攜帶的法器之一，甚至手持念珠的精進形象，也成為佛教徒、甚至是修行者最具代表的象徵。

　　比較特別之處，算是清代時期的「朝珠」，清廷官員們所配掛的朝珠，其淵源或許可追溯到當時皇族們的信仰，所以它的數目與印度的念珠一樣，每串都有一百零八顆珠子。不過，與我們一般認知不同的是，掛在官員胸前的念珠，並不是用來稱念佛號的，而是用來區別身分地位，換句話說，穿戴時所選用的掛珠，甚至是串連朝珠所使用的線，都會因身份等級的不同而有材質與顏色上的差異，完全反映配戴者在宮廷裡的權勢地位。

念珠的功用

　　念珠，又稱為佛珠、數珠、珠數、誦珠、咒珠等不同稱謂，成為念佛時計數的最佳工具，為佛教重要的法器之一。念佛可說是修行佛法時，最基本的方法之一，在許多的佛經上，也記載著念佛時掐捻念珠、誦經、持咒等等能生諸種功德，而念珠流傳至中國後，即使非佛教徒也會有配戴念珠保佑平安與避邪的觀念。因此，不論購買念珠的動機是什麼，在《校量數珠功德經》裡清楚記載，手持念珠，即使沒有持誦佛號或咒語，也同樣能獲得福慧無量，由此可知念珠的力量是多麼驚人。

　　念珠的功用依其使用的方法與目的而言，有各種功用，以下所列為一般常見的念珠功能：

❖ 趨吉避凶、保平安

　　對於篤信佛法的人來說，念珠代表著修持佛法時的重要資具，不論何時、不論何地，只要隨手持誦，就可以增加功德、助長道業，更能得到諸佛菩薩的庇佑守護，最終達到永斷煩惱根、增長智慧、速獲無上果等等不可思議的功效。

❖ 妝點氣質的高雅飾品

　　對於許多非佛教徒而言，念珠千變萬化又高雅的外觀，除了最基本的護身避邪、保平安之外，最常將念珠當作時尚的飾品，用來搭配服裝，襯托高貴優雅的氣質。

❖ 療癒不安心理

對於心靈空虛、欠缺安全感的人而言，可達到安心、健全心理的效果，進而達到消除壓力、常安樂行。

❖ 念佛、持誦咒語時，做為紀錄計數的工具

透過一句佛號、一顆念珠的方式，計數持念，讓念佛時能更心無罣礙，一心稱誦。

❖ 集中精神，去除雜念

對一般沒有修持者，甚至已經有所修為的人來說，人心猶如狂奔野馬、雜念紛飛，最難控制的正是我們的內心，因此手持念珠，可隨時誦念來增定力、生智慧，讓身心專注，放下一切，尤其當一個人的心念起伏太大，或者心中有所掛念時，就會變得浮躁、焦慮、疑惑，如此一來，就無法得到清靜、完全自在。念珠正好可以幫助我們去除雜念、不讓心處於散亂之中，讓心覺醒，一旦心的能量完全提升，即可達到去除雜念、讓身心專注的功用。

❖ 避邪去煞，化解負面的磁場

對許多密宗行者來說，經過一段大閉關的修持之後，念珠就會具有非常大的加持力，達到避邪、去煞等功效，甚至具有治療的神奇效果。

❖ 增智慧，神佛守護

藉由持誦的力量，達到諸神佛皆來守護，使增智慧、求好運、保平安、得財運等等心願皆能順遂如意！

❖ 儲備善念，增加正向的力量

要將眾生根深柢固的無明，從內心徹底拔除，實屬不易，因而要多儲備善念消除煩惱，增加正向的力量。

❖ 可使願力匯聚，上達天聽，得諸佛菩薩加持

持咒念佛若可聚集多數人的願力，將每一個人虔誠的心力匯聚，就能發揮善的力量，並將這樣的願力上達天聽，即可得到諸佛菩薩的加持。

 ## 認識念珠

念珠有長有短、有大有小，您可曾仔細觀察念珠的構造？構成念珠的基本元素為：母珠、佛塔、隔珠、子珠、記子等，讓我們一一來認識吧！

❖ 母珠

母珠也可稱為佛頭或三通。以一百零八顆串成的念珠來說，所附加的母珠，可分為一顆母珠或兩顆母珠兩種，其中母珠也被稱為達摩珠。

在一串念珠的終結部位，會有一顆比較大的珠子，此珠具有三個孔，念珠串到最後會將線的兩端貫通此珠的兩個孔中間，再一起拉至第三個孔內穿出。同時還連接記子或玉佩、流蘇等飾品作為裝飾。

❖ 佛塔

若母珠為三孔珠子，那麼通常在母珠的一端，會有一個圓錐狀的塔形物，稱之為佛塔或是佛頭；但如果母珠是單純兩孔形的珠子，就不會有佛塔。

佛塔

母珠

隔珠

子珠

❖ **子珠**

　　這是指除了母珠以外，比較小的珠子。在密宗修行部分，由於修法的不同，因此所用的數量也不相同，一般說來比較常見的念珠數目為十四顆、二十一顆、五十四顆、一百零八顆等。

❖ **隔珠**

　　隔珠又稱為節珠、數取，主要用來將子珠平均分隔，方便計數，以一百零八顆的念珠為例，其所在位置是將除去母珠以外的所有珠粒平均分成四份的子珠，也就是每二十七顆子珠，就會有一顆隔珠，將所有的子珠平均分隔。

　　一般隔珠所使用的材料與大小，與子珠不同，主要作用在於方便計數，有些時候礙於時間上的限制，可能無法將整串珠子念完，就可以計數到隔珠的地方，方便下一次繼續持誦的計數。

❖ **記子**

　　記子又稱記子留、弟子珠。主要是用在長串念珠上，繫串在母珠另一端，大部分以十顆為一小串，也有二十顆、四十顆不等，捻珠念佛滿一百零八遍，就可向下撥動一顆珠子。當一邊的珠子全部移動完，即可撥動另一端的珠子，而將原先的記子串還原，如此即可準確計數。

❖ **絡繩**

　　串起念珠的繩子，我們稱為絡繩，基本上絡繩並沒有特別限定，只要是自己喜歡，而且能夠穿得進珠子即可，惟密宗對於念珠所用的繩子，大多要求以紅色棉線為主。

各種宗教的念珠介紹

　　對於佛教來說，念珠是重要法器之一，經常用於攝心、祈願、供養、法會的用途上，不過念珠的實用性，並非侷限於佛教，其他宗教，例如天主教、東正教、伊斯蘭教、印度教或是錫克教等，也同樣使用念珠作為計數、祈禱或聖物等用途。

　　雖然其他宗教也稱為念珠，但不同宗教的念珠，各有不同功用，以下簡明介紹各個宗教的念珠之用途。

佛教念珠

⊙ 功用
　　可隨時持誦佛號、咒語，方便計數之用。
⊙ 目的
　　讓心獲得自在、清靜。

　　對許多佛教徒而言，佛珠是再熟悉不過的法器之一，對持有者來說，持誦手上的念珠，猶如提醒自己更要注意自己的身、口、意。其次，當我們要持誦佛號或咒語時，一旦手上有串念珠，就可隨時隨地的誦念。

　　若所配戴的是經過加持的念珠，心中更會有平安踏實的感受，甚至認為可以避邪、化解災難、補充身體的正面能量。

　　使用念珠時，應該要集中精神，再進行念誦和計數，來達到修行效果。其次，在《陀羅尼集經》、《數珠功德經》等經典裡曾提及，以念珠修持，可以獲得以下的功德：

一、去除一百零八種障礙及煩惱。

二、迅速清淨一切的罪孽。

三、滿足十波羅蜜功德。

四、所祈求的願望皆成就。

五、即身成佛，亦即現身即得無上佛果。

六、來世可生於天上。

⌘ 佛 教 小 辭 典 ⌘

◎何謂十波羅蜜功德？

波羅蜜就是度、到彼岸，亦即達成理想、完成之意。

所謂的十波羅蜜就是指菩薩到達涅槃時，所必須具足的十種要件，又可稱為十度、十到彼岸。

其中包括：布施波羅蜜、持戒波羅蜜、忍辱波羅蜜、精進波羅蜜、禪定波羅蜜、智慧波羅蜜、方便波羅蜜、願波羅蜜、力波羅蜜、智波羅蜜。

◎何謂涅槃？

佛教修行者的終極理想。為菩提的境地，亦為超越生死的悟界，為佛教終極實踐的目的。所謂的涅槃為梵語的音譯，原意就是「滅」、「滅度」、「寂滅」、「圓寂」等等，是指滅切貪、瞋、痴的境界，將煩惱之火滅盡，而完成悟智，亦為「涅槃寂靜」，是修習佛法所要達到的最高理想境界。

天主教念珠

⊙ 功用

信徒在誦念時必備的器具。

⊙ 目的

幫助信徒在誦念玫瑰經時,可以清楚分辨應該誦念哪一段經文。

天主教的念珠是用來計數的,而且下面有十字架。所謂的《玫瑰經》是由一連串的禱文接續而來,因此信徒在念誦時,必須搭配念珠來計算念誦的次數,所以念珠也被稱為「玫瑰念珠」。天主教所使用的玫瑰念珠分為手珠與掛珠兩種。

❖ 手珠

天主教所使用的念珠,串有十一顆珠子,可以套在手腕上。

❖ 掛珠

最常為天主教徒祈禱時所使用的念珠,是由大珠加上小珠,以及一個十字架所組成的玫瑰念珠,是誦念《玫瑰經》必備的器具。

通常一串玫瑰念珠會有五十顆小珠,每十顆為一組,中間由較大的珠子作為區隔,念珠都會搭配一個十字架,造型上非常特別,因此近年來,玫瑰念珠常被當成飾品來配戴,成為一種流行時尚。

▌天主教念珠的使用方法

天主教持念珠的使用,與佛教持珠念佛號最大不同點,在於《玫瑰經》的誦法。

誦念玫瑰經的使用方法,如圖:

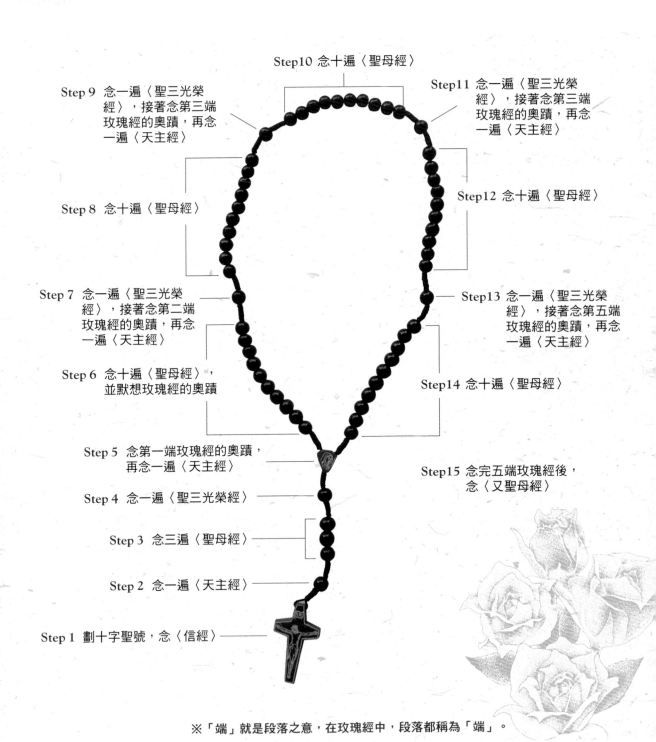

Step10 念十遍〈聖母經〉

Step 9　念一遍〈聖三光榮經〉，接著念第三端玫瑰經的奧蹟，再念一遍〈天主經〉

Step11 念一遍〈聖三光榮經〉，接著念第三端玫瑰經的奧蹟，再念一遍〈天主經〉

Step 8　念十遍〈聖母經〉

Step12 念十遍〈聖母經〉

Step 7　念一遍〈聖三光榮經〉，接著念第二端玫瑰經的奧蹟，再念一遍〈天主經〉

Step13 念一遍〈聖三光榮經〉，接著念第五端玫瑰經的奧蹟，再念一遍〈天主經〉

Step 6　念十遍〈聖母經〉，並默想玫瑰經的奧蹟

Step14 念十遍〈聖母經〉

Step 5　念第一端玫瑰經的奧蹟，再念一遍〈天主經〉

Step15 念完五端玫瑰經後，念〈又聖母經〉

Step 4　念一遍〈聖三光榮經〉

Step 3　念三遍〈聖母經〉

Step 2　念一遍〈天主經〉

Step 1　劃十字聖號，念〈信經〉

※「端」就是段落之意，在玫瑰經中，段落都稱為「端」。

⌘ 天主教小辭典 ⌘

◎ 《玫瑰經》祈禱方式

　　天主教的祈禱方式有很多種，而《玫瑰經》容易學習，至今仍是天主教徒常見的祈禱方式，其目的是為了讓天主教徒加深對天主的愛和信任。玫瑰經以口禱的方式，藉以默想歡喜、光明、痛苦、榮福的奧蹟意義，由於著重在默想，所以心性較為安定，不會流於有口無心。當然，天主教的祈禱方法非常多樣化，教友可隨自己的喜好來選擇祈禱的方式。

▌關於天主教的《玫瑰經》

　　《玫瑰經》根據耶穌及聖母奧蹟，可分為〈歡喜五端〉、〈痛苦五端〉、〈榮福五端〉等。傳統上每天照順序獻一種奧蹟，全經總共要誦念聖母經一百五十遍。二〇〇二年，教宗若望・保祿二世於《童貞瑪利亞的玫瑰經》牧函的第二段中，建議增加〈光明五端〉，《玫瑰經》從此變為誦念聖母經二百遍整。

▌天主教誦念《玫瑰經》的經文

❖ 聖號經

因父，及子，及聖神之名，阿們。

❖ 信經

我信唯一的天主，天地萬物的創造者。我信父的唯一子，我們的主耶穌基督；祂因聖神降孕，由童貞瑪利亞誕生；在比拉多執政時蒙難，被釘在十字架上，死而安葬；祂下降陰府，第三日從死者中復活。祂升了天，坐在全能天主父的右邊；祂要從天降下，審判生者死者。我信聖神，我信聖而公教會，諸聖的相通。罪過的赦免，肉身的復活，永恆的生命　　阿們。

❖ 天主經

我們的天父,願祢的名受顯揚,願
祢的國來臨,願祢的旨意奉行在
人間,如同在天上。求祢今天賞
給我們日用的食糧;求祢寬恕我們
的罪過,如同我們寬恕別人一樣,
不要讓我們陷於誘惑,但救我們免於
凶厄　　阿們。

❖ 聖母經

萬福瑪利亞,祢充滿聖寵,主與祢同在,祢在婦女中受
讚頌,祢的親生子耶穌同受讚頌。天主聖母瑪利亞,求
祢現在和我們臨終時,為我們罪人祈求天主　　阿們。

❖ 聖三光榮經

願光榮歸於父,及子,及聖神;起初如何,今日亦然,
直到永遠　　阿們。

❖ 又聖母經

萬福母后!仁慈的母親;我們的生命,我們的甘飴,
我們的希望。厄娃子孫,在此塵世,向祢哀呼。在這
涕泣之谷,向祢嘆息哭求。我們的主保,求祢回顧,
憐視我們,一旦流亡期滿,使我們得見祢的聖子,萬
民稱頌的耶穌。童貞瑪利亞,祢是寬仁的,慈悲的,
甘飴的。天主聖母,請為我們祈求,使我們堪受基督
的恩許　　阿們。

東正教念珠

⊙功用

在個人的靈修、旅途、日常生活時，方便誦念持聖名。

⊙目的

讓心靈專注在經文。

東正教誦念的方法為持珠後，每撥一顆珠子即念〈耶穌禱文〉。

依照東正教的教義，認為生命的終極目標，是在於和上帝結合。要有效的讓人與上帝結合，就是要讓主耶穌居住在我們的心裡，而我們也同樣居在主耶穌心裡，而這個方法就是持誦〈耶穌禱文〉。

〈耶穌禱文〉是一個簡短的誦句，主要基礎來自於聖經中所提到的瞽目者的祈禱。

〈耶穌禱文〉：主耶穌基督，上帝之子，求禰憐憫我。不過，為了讓心靈專注在經文上，這個誦句常常會被簡化為「主耶穌基督，憐憫我！」，透過持誦聖名，可以建立起與神人耶穌基督之間的共融關係。

伊斯蘭教念珠

⊙功用
信徒在誦念時所必備的計數器具。

⊙目的
當誦讀阿拉最美麗、最吉祥的九十九個名字時，可以撫慰心靈，也為精神上帶來慰藉。

伊斯蘭教的六大教義主要根基就是信奉阿拉，阿拉又被稱為「真主」，代表威武的全能者。

Koran and Muslim Prayer Beads ©
image100/Corbis

《聖訓》曾經引述穆罕默德的話：「每日頌主一百次，必添一千件善功，抵去一千件的差錯。」對許多信奉伊斯蘭教的教徒來說，所謂神聖的宗教信仰，是一天有五次的禮拜，並把所有一切皆歸於阿拉，那是一種心靈上的安撫，也是精神上的慰藉。

清真寺是穆斯林的聚會場所，主要是用來祈禱之處。在入口處的中間，會有一個沐浴池，進行祈禱之前，必須先用水遍灑頭頂、臉部、雙手、雙肩及兩腳，潔淨全身之後，才能開始祈禱。

伊斯蘭教的教徒，手中會有一串為數三十三顆的念珠，仔細觀察，教徒會不斷轉動念珠的每一顆珠子，一顆珠子一個名字，一顆珠子誦念三遍阿拉真主的名字，給予最真誠的讚美。只要轉念三遍念珠，就等於誦讀過九十九個神性，九十九可說是伊斯蘭教徒最愛，也最感到驕傲的一個數字。

◎穆斯林
就是指信奉伊斯蘭教的教徒之意，全世界通稱伊斯蘭教徒為穆斯林。

錫克教念珠

⊙ 功用

穿掛在身上，對於心靈具有安撫作用。

⊙ 目的

藉由手指撥動念珠的節奏，有助於集中心思於神的名號。

錫克教信仰唯一神「真祖師」，真祖師是宇宙的創造者，永垂不朽、無形無狀，而傳達其信息的錫克教聖典為《本初經》。錫克教的早期領袖是教導神之旨意的導師，也被稱為「祖師」，第一位祖師為那納克（西元一四六九至一五三九年），他在北印度創立錫克教，嚴格奉行一神論，不為神塑形體，強調人人平等。

錫克教可說是十分獨特的教派，從教義、教規、教廟以及教徒的穿戴等方面來看，融合了印度教及伊斯蘭教的教義，卻又極富特色，他們的寺廟一般都是金廟，聖殿裡不設任何神像，只供奉著錫克教聖典。

在第一任祖師那納克的畫像中，可以清楚看見印度人以瓔珞鬟條纏身的穿戴方式，並藉由手指撥動念珠的節奏，有助於集中心思於神的名號。

印度教念珠

⊙ 功用

戴在身上，可獲得心靈上的滿足。

⊙ 目的

除了計數之外，還有裝飾的意義。

印度是一個宗教色彩非常強烈的國家，這個宗教林立的神祕古國，不僅是佛教、印度教、錫克教、耆那教的發源地，印度境內還有伊斯蘭教、基督教、猶太教、拜火教等各式宗教信仰，是一個名符其實的宗教博物館。

其中以印度教為現在印度境內最大的宗教，對印度社會的影響最大，而伊斯蘭教則算是印度的第二大宗教，穆斯林人口也非常多。

印度總人口約有半數信仰印度教，印度教源自於婆羅門教，後來吸納了印度民間信仰，如今成為印度信仰的大宗，印度教主要信仰的三大主神為梵天、毘濕奴、濕婆，印度教統稱三大主神為「三位一體」。

印度人自古就有以瓔珞鬘條纏身的風俗，據記載也是演變成念珠的由來。

從毘濕奴的神像可以看到配掛念珠的習慣，甚至在二世紀左右，從印度發掘的「龍王歸佛」雕像，就有一尊懸掛念珠的婆羅門像，由此可以推斷念珠的使用，在印度教是非常普遍的。

● 濕婆神
Statue of Shiva © Will & Deni McIntyre/Corbis

✻ 印 度 教 的 主 神 ✻

◎梵天（Brahma）

生命的創造者之稱，又名為創造之神，他創造了世界萬物，坐騎為孔雀。與毘濕奴以及濕婆並稱印度教的三大主神，主管「創造」。全印度四千多座印度教寺廟只有兩座是專門供奉梵天，大多數寺廟以崇信護持神毘濕奴與破壞神濕婆為多。與印度不同，梵天信仰在南傳佛教的東南亞相當興盛，尤其是在泰國，得到很大的發揮，華人稱在泰國的梵天信仰為四面佛信仰，據說有保佑人間富貴吉祥的功能，在東南亞地區有非常多信眾。印度教的終極思想就是要將自我與梵天合二為一，即梵我合一。

◎毘濕奴（Vishnu）

守護之神，又名護持神、黑天，毘濕奴的四臂上分別持有海螺、輪、法杖和蓮花，或臥於七頭巨蛇阿南塔身上，有時端坐於蓮座。原本是太陽神的助手，後逐漸提升到僅次於梵天。且有此一說：佛陀是他的第九個化身，並多次以不同的化身出現在眾人面前，就為了拯救世界的神性，拯救芸芸眾生。

毘濕奴的坐騎為迦樓羅，妻子是吉祥天，印度教的毘濕奴派專門供奉他，全印度有一千多座廟宇。毘濕奴常見的形象為藍色皮膚，擁有四隻手臂，並且坐在蓮花上。另一常見的形象，則是毘濕奴躺在千頭巨蛇「舍沙」（阿難陀龍）之上，從肚臍生出的蓮花中創造梵天，而吉祥天則隨侍在身邊。

◎濕婆（Shiva）

破壞之神，又稱毀滅神。前身是印度河文明時代的生殖之神「獸主」和吠陀風暴之神魯陀羅，兼具生殖與毀滅、創造與破壞雙重性格，呈現各種不同相貌，主要有林伽相、恐怖相、溫柔相、超人相、三面相、舞王相、璃伽之主相、半女之主相等變相，其中林伽相（男根）是濕婆最基本的象徵。印度教認為毀滅蘊含著再生的力量，表示生殖能力的男性生殖器林伽就是濕婆神創造力的象徵，受到性力派和濕婆派教徒的崇拜。

濕婆是苦行之神，終年在喜馬拉雅山上的吉婆娑山修煉苦行，通過最嚴格的苦行和最徹底的沉思，獲得最深奧的知識和神奇力量；他還是舞蹈之神，創造剛柔兩種舞蹈，被譽為舞王，許多濕婆的雕像都以手舞足蹈的形象出現；濕婆也是妖魔鬼怪的統帥，妖魔鬼怪都受制於他。

濕婆的形像被描繪成三眼四手，手中分執三股叉、神螺、水罐、鼓等；身著獸皮衣，渾身塗灰，頭上有一彎新月作為裝飾，頭髮盤成犄角形，上有恒河的象徵物，傳說恒河下凡時曾先落在他的頭上，分七路流向大地，頸上繞著一條蛇，胸前配戴念珠，坐騎是一頭大白牛。佛教經典記載稱他為大自在天，住色界之頂，為三千界之主。

第2章　念珠的種類

❀ 念珠的使用方式

　　念珠的種類繁多，若以使用方式區別，可分為手珠、持珠、掛珠三種。

▍手珠

　　手珠也稱為佩珠、手串，一般可分為戴在手腕上或手臂上。

　　手珠是最常見的念珠種類，只要走在街上，與你擦肩而過的人，或許手腕上就戴著手珠，可見手珠的配戴十分普遍。通常製作成手珠的念珠，顆數以十四顆、十八顆最為普遍，作為裝飾配戴的念珠，比較沒有顆數上的限制，一般只要選用合適自己手腕配戴即可。

　　對一般人而言，配戴念珠可以視為裝飾品，不過就學佛者而言，戴在左手腕上的念珠，是為了可以隨時拿在手上，持珠念佛，作為精進佛法的重要法器。

　　儘管配戴念珠儼然成為一種流行趨勢，或許您不知道，這些潛意識喜歡配戴念珠的人，正是與佛有緣，深具善根者。

　　除了手珠之外，另一種是配戴在手臂上，所使用的念珠顆數，除了一般的顆數外，也要視手臂的粗細或珠子的大小來決定。常見的佛像中皆可以見到諸佛菩薩手臂上套著佩珠的法相。

▎持珠

　　通常串成持珠的珠子，都會選用比較大顆的珠子。持珠是直接拿在手中，持誦念佛之用，顆數視珠子的大小而定，持珠以手持方便為最先考慮，因此一般以十八顆、二十一顆、二十七顆、三十六顆居多。

　　持珠時所採取的姿勢，可分為兩種，一種是單手持珠，另一種則為雙手持珠。一般說來，站立或行進間，大多以單手持珠；若是打坐時，則多半採取雙手持珠的方式。

▎掛珠

　　掛珠是配掛在胸前，一般以五十四顆或一〇八顆珠子居多，念珠的顆粒大小，會因身份不同而有所區別，一般而言，出家之人才會配戴顆粒較大的掛珠，平時常見的是顆粒較小、重量輕的菩提果實類或木質類念珠；另外，掛珠為出家弟子配掛為多，在家眾弟子較少配戴掛珠。

　　一般人會將掛珠掛在胸前，不過有些人則是將掛珠纏繞三、四圈，套在手腕上，以方便隨時取下持誦念佛，或是在禮佛三拜之後，坐定再取下念珠，開始持誦念佛。

✿ 念珠的持捻

　　持誦的過程中，經常會遇到的問題，就是撥捻至母珠前一顆珠子後，是否要跳過母珠繼續念誦？因為經典曾記載，念珠裡每顆珠子都代表菩薩的聖果，母珠表示無量壽，需謹慎。因此當持珠念誦撥捻至母珠前一顆珠子時，記得反轉念珠，繼續從母珠前一顆珠子撥捻誦念。

　　雖然，在誦念者的立場，念誦時純粹將念珠當作計數工具使用，可以不必有這樣的忌諱，念誦時撥捻而過也無妨，但是倘若持誦者除了將念珠當作計數的工具外，也希望藉由捻珠觀想諸佛菩薩的法相光明，甚至體悟到更多學佛道理時，就不得不遵守這個原則了。

　　將念珠拿在手中，掛在胸前，或纏繞在手臂、戴在手腕，事實上有一層深意，在《金剛薩埵菩薩而說偈言》提及：

　　　　二手持珠當心上，靜慮離念心專注，
　　　　本尊瑜伽心一境，皆得成就理事法。
　　　　設安頂髻或掛身，或安頸上及安臂，
　　　　所說言論成念誦，以此念誦淨三業。
　　　　由安頂髻淨無間，由帶頸上淨四重，
　　　　手持臂上除眾罪，能令行人速清淨。
　　　　若修真言陀羅尼，念諸如來菩薩名，
　　　　當獲無量勝功德，所求勝願皆成就。

　　由此可知，無論持念佛號咒語，或是所持用的是哪一種念珠，持誦的重點都在於以清淨心持之，達到約束身心、幫助修

行、消除妄念，最終融入佛號證量功德而入三摩地，即可獲諸佛菩薩的加持。

 ## 念珠的珠數及其意義

許多佛教經典中均有記載，持珠誦咒可得不思議的功德，然而念珠的珠數各不相同，念珠的珠數隨著數目不同，也蘊藏著不同的象徵意義。以下就依據珠數的分別及其意義，簡單說明之。

一〇八〇顆

依照《文殊儀軌經》的說法，最上品是一〇八〇顆，上品為一〇八顆，中品為五十四顆，下品為二十七顆。所謂的一〇八〇，表示在十法界各有一百零八種的煩惱，因此合成一〇八〇種的煩惱。所謂的十法界，指的是地獄、餓鬼、畜生、修羅、人間、天上（六道輪迴的世界）與後四界，包括聲聞、緣覺、菩薩、佛界（聖者悟的世界）。

一〇八顆

這樣的珠數是最為常見的數目，一般作為掛珠，是為了表示求證百八三昧，而斷除一百零八種的煩惱，讓身心達到一種寂靜的狀態。

百八煩惱的內容，根據不同的經典，有著不同的說法，概括來說，六根（眼、耳、鼻、舌、身、意）各有苦、樂、捨三受，共計為十八種，而六根又有好、惡、平三種，合為十八種，共計三十六種，再加上過

去、現在、未來三世，如此重組就會得到一百零八種的煩惱。

五十四顆

表示菩薩修行過程中的五十四個位次，為修身的境界。其中包括十信位、十住位、十行位、十地位、十迴向等五十階位與四善根位。

五十階位的典故出自《菩薩瓔珞本業經》，包括十信位、十住位、十行位、十地位、十迴向及等覺、妙覺等，菩薩自初發菩提心，經過累積修行功德，達到佛果，其中所歷經的各階位，都屬於菩薩階位的名稱。

四善根指的是：觀四諦（一苦諦、二集諦、三滅諦、四道諦）及修行十六行相，以達到無漏聖位的四種修行階位，包括暖位、頂位、忍位、世第一法位。

⌘ 佛教小辭典 ⌘

◎ 何謂寂滅？

即度脫生死，進入寂靜無為的境地，這樣的境地，遠離迷惑世界，含快樂之意，所以又稱寂滅為樂，此外，又有進入涅槃之意，如僧尼往生通稱為示寂、入寂、圓寂。

◎ 何謂菩提分法？

即為三十七道品，或三十七品經。菩提分法，意即有助於菩提證悟的修行法。其內容可分為七類：四念處（四念住）、四正勤（四正斷）、四神足（四如意足）、五根、五力、七覺支（七菩提分）、八正道（聖八支道）。

⌘ 佛教念珠小常識 ⌘

◎ 十信位 ◎

　　菩薩五十二階位中以十信位為首，在《華嚴經》中亦明確指出：「信為道元功德母，長養一切諸善法。」由此可知，信是入道的第一步，最初十位應修的十種心，全稱十信心，要修習不退轉，所謂的十信位分述如下。

❖ **信　心**　所謂妙信常住，將一切妄想滅盡，一心決定，樂欲成就。

❖ **念　心**　明瞭過去未來劫中，出生入死、憶念無忘，所以要常修六念，所謂的六念即念佛、法、僧、戒、施及天。

❖ **精進心**　精勤修習，唯以念心精明，進趣真淨之地。

❖ **定　心**　要讓心安住，並遠離一切顛倒夢想。

❖ **慧　心**　知一切法無我、無人，周遍寂湛，寂妙常凝，自性空寂。

❖ **不退心**　定光發明、明性深入、唯進無退、名不退心。

❖ **護法心**　心進無退，保護一切佛法，與己相接。

❖ **迴向心**　所修善根皆能迴向菩提、迴施眾生、不著名相。

❖ **戒　心**　受持菩薩清淨戒，身、口、意淨，不犯過，有犯懺悔去除。

❖ **願　心**　住戒而得自在，隨其所願，遊十方世界。

◎ 十住位 ◎

　　又稱為十地住、十法住、十解。在菩薩五十二階位，其中第十一至第二十階位，屬於「住位」，也稱為十住。

❖ **初發心住**　指上進分善根者，以真方便發起十信之心，信奉三寶，受習一切行、一切法門、常起信心學習佛法，能生一切功德。

❖ **治地住**　常隨空心，清淨八萬四千法門，明淨的心，猶如琉璃內初發的妙心，履治為地，也就稱為治地住。

❖ **修行住**　謂前之發心、治、地二住的智都已明了，所以遊履十方，也會無所障礙。

❖ **生貴住**　此為初十位的第四位，由先前的妙行、冥契妙理，將生於佛家為法王子；即行與佛同，受佛之氣分，如中陰身，自求父母，陰信冥通，入如來種。

❖ **方便具足住**　學習無量的善根，自利利他、方便具足。

❖ **正心住**　要成就初十位的第六位，就要讓心與佛同在。

❖ **不退住**　既入在無生畢竟的空界，心要常行空無相願、身心和合，才能日日增長。

❖ **童真住**　自發心起，始終不退轉，且不起邪魔之心。

❖ **法王子住**　自初發心住到第四的生貴住，稱為入聖胎；從第五的方便具足住到第八的童真住，稱為長養聖胎；而此法王子住則相形具足、出胎。

❖ **灌頂住**　菩薩既為佛子，堪行佛事，所以諸佛菩薩以清淨、智慧慈悲之水與具備萬德之水為其灌頂。

◎十行位◎

又作十行心。即菩薩修行的五十二階位中，第二十一至第三十位所修的十種利他行。

❖ **歡喜行**　謂由前十住進修功滿，已成佛子，且具足佛的妙德，能於十方淨土，隨順饒益眾生。

❖ **饒益行**　能利益一切眾生，使得法利。

❖ **無瞋恨行**　修忍辱、離瞋怒，既能自覺，又能覺他，謙卑恭敬，對怨能忍。

❖ **無盡行**　隨眾生的有所分別，而化現其身，行大精進，發心度化一切眾生，絕不鬆懈。

❖ **離癡亂行**　常住正念不散亂，於一切法無癡亂。

❖ **善現行**　瞭解一切法都是無所有，身、口意三業寂滅，也不捨教化眾生。

❖ **無著行**　歷諸如微塵般的世界，以供佛求法，心無厭足，並以寂滅觀諸法，一切無所著。

❖ **尊重行**　尊重善根、智慧等法，悉皆成就，更增修自利利他二利行。

❖ **善法行**　成就種種利他的善法，以守護世俗正法以及勝義正法兩種正法。

❖ **真實行**　成就第一義諦之語，所謂第一義諦為二諦之一，又名真諦、聖諦、勝義諦、涅槃、真如、實相、中道、法界、真空等等，所指的是深妙的真理，如說能行、如行能說，語所說的話與行為相應，讓有形的物質與無形的精神更為順暢。

◎十地位◎

　　菩薩修行的過程，須經五十二位中的第四十一至五十之位，即十地，所謂的「地」又有住處之意，所以十地又可稱為十住。菩薩初登此位之際，即生無漏智（清淨沒有煩惱的智慧），見佛性，乃至成為聖者，並以其護育一切眾生，因而此位亦稱地位、十聖。

❖ **歡喜地**　又作極喜地、喜地、悅豫地。對於有大覺悟者來說，善得通達，達到佛的境界，名歡喜地。

❖ **離垢地**　又作無垢地、淨地。此位菩薩，具清淨戒，遠離能起微細毀犯煩惱垢染。

❖ **發光地**　成就勝定、及殊妙教四種總持（法總持、義總持、咒總持、忍總持），能發無邊妙慧光稱之。

❖ **焰慧地**　又作焰地、增曜地、暉曜地。即為安住最勝菩提分法，妙慧殊勝，能斷煩惱。

❖ **難勝地**　又作極難勝地。指能令其有分別智，真諦無分別智，同時俱起。

❖ **現前地**　又作現在地、目見地、目前地。觀十二緣起，能引發離染淨差別無分別。

❖ **遠行地**　又作深入地、深行地、深遠地、玄妙地。此位菩薩，善修無相行，不起功用，遠出過世間二乘（運載眾生度生死海之法，有二種的分別，所以稱為二乘。）出世間道。

❖ **不動地**　無漏、無分別智，任運相續，一切有相功用及諸煩惱，都無法動搖。

❖ **善慧地**　又作善哉意地、善根地。成就微妙四無礙解（一義無礙智、二法無礙智、三辭無礙智、四樂說無礙智），能遍十方，自在說法。

❖ **法雲地** 又作法雨地。總緣一切法智，能藏眾生的定、慧功德，能覆隱如空廣大無邊惑、智二障，能出生無量殊勝功德，充滿所證所依身，就像雲一般，能覆虛空，亦能生淨水。

◎十迴向◎

所謂的十迴向位是菩薩修行五十二階位中，從第三十一位至第四十位。所謂的迴向，是以大悲心救護一切眾生的意思。

救護一切眾生，離眾生相迴向：即行六度（亦即布施、持戒、忍辱、精進、禪定、智慧）及四攝（佈施、愛語、利益、同事），來救護一切眾生，怨親平等。

❖ **不壞迴向** 在佛、法、僧三寶所得不壞的信心，迴向這樣的善根，讓眾生獲得善利。

❖ **等一切佛迴向** 學習三世佛陀，不著生死，不離菩提（就是覺，泛指能覺法性的智慧），而修之。

❖ **至一切處迴向** 由迴向力所修的一切好的根性，供養一切三寶，甚至利益一切眾生。

❖ **無盡功德藏迴向** 隨喜一切無盡好的根性，迴向而作佛事，能得到無盡的功德及好的根性。

❖ **隨順平等善根迴向** 即迴向所修的好的根性，能被佛陀所守護，成一切堅固善根。

❖ **隨順等觀一切眾生迴向** 能平等觀念一切事理，即增長一切好的根性，迴向利益一切眾生。

❖ **如相迴向** 隨順真如相，將所成好的根性迴向。

❖ **無縛無著解脫迴向** 即於一切法，無取執縛著，得解脫心，以善法迴向，行普賢之行，亦即發大誓願，修波羅蜜等諸善萬行，積大功德。

❖ **法界無量迴向** 亦為修習一切好的根性，以此迴向，願求法界差別無量的功德。

▌四十二顆

為菩薩修行過程的四十二階位，包括十住位、十行位、十地位、十迴向、等覺、妙覺。

▌三十六顆

通常認為是為了便於攜帶，遂將一百零八顆分為三等分，即為三十六顆，蘊含的義理與一百零八顆相同。

▌二十七顆

表示小乘修行四向、四果的二十七賢聖位，包括十八有學以及第四果阿羅漢果的九無學。在《成實論》裡提到：

❖ **十八有學**：隨信行、隨法行、無相行、預流果、一來向、一來果、不還向、中般、生般、有行般、無行般、樂慧、樂定、轉世、現般、信解、見得、身證。

❖ **九無學**：退法相、守護相、死相、住相、可進相、不壞相、慧解脫相、俱解脫相、不退相。

▌二十一顆

包括十地位、十波羅蜜及佛果。所謂的「佛果」指的是達到最究竟成佛的果位。

❖ **十波羅蜜**：佈施波羅蜜、戒波羅蜜、忍波羅蜜、精進波羅蜜、靜慮波羅蜜、般若波羅蜜、方便善巧波羅蜜、願波羅蜜、力波羅蜜、智波羅蜜。

⌘ 佛教小辭典 ⌘

◎ 等覺

等覺，意為等正之覺，即所遍悟之真理，與諸佛所悟菩提內容相等，實際上修行比佛略遜一籌者，稱為等覺，因此位於菩薩修行階位五十二位中之第五十一位。

◎ 妙覺

又稱妙覺地，指覺行圓滿的究竟佛果，所以亦為佛果的別稱。為大乘菩薩修行五十二階位之一，為究極理想境地的表現，於此位能斷盡一切煩惱，智慧圓妙，覺悟涅槃之理。

● 山珊瑚念珠

◎ 有學

是指斷盡一切煩惱，修學無漏的戒定慧與寂滅之理者。意思就是佛門弟子雖然能知見佛法，但尚有煩惱未斷，有待於學習戒定慧的修行，以斷絕煩惱，證得漏盡，因為還有法需要修學，因此稱為有學。有學共有十八類，故稱為十八有學。

◎ 無學

為「有學」的對稱，無學是指已經開悟解脫，無迷惑可斷因此無可學者。聲聞乘四果中的前三果為有學，第四阿羅漢果為無學。

十八顆

其中含意為「十八界」，即六根、六塵、六識。

❖ **六根**：為眼、耳、鼻、舌、身、意。

❖ **六塵**：色、聲、香、味、觸、法。

❖ **六識**：為眼識、耳識、鼻識、舌識、身識、意識。

十四顆

即觀世音菩薩與十方、三世、六道一切眾生同一悲仰，讓有情眾生獲得十四種無畏、十四忍（三賢、十聖加正覺）的功德。

❖ **十四無畏**：

使眾生返照自性，獲得解脫。

使眾生旋轉知見，苟遇火難，火不能燒。

使眾生旋轉觀聽，雖遇大水所漂，水不能溺。

使眾生入于羅剎鬼國，鬼自滅惡。

使眾生六根消複，臨當被害，刀段段折壞。

菩薩明照十方，使眾生不受藥叉、諸幽冥所害。

使眾生不受虛妄聲塵系縛。

使眾生行于險路如行坦途，遇賊不受劫。

使性多淫者，不生色念。

使懷忿記恨之人不生瞋恚。

使一切昏鈍無善心之人遠離癡暗。

使無子眾生，欲求男者，令得生男。

使無子眾生，欲求女者，即得生女。

使眾生持觀音名號者，所得福德與恒河沙數無異。

密宗念珠之珠數與意義

傳統佛教念珠是用一〇八顆珠子串成，大部分握在神靈或修行者之右手中，象徵透過誦念咒語、供奉、慈悲覺識。在佛教或印度教裡，「一〇八」是神聖圓滿的數字，由十二與九的相乘，代表十二宮裡的九曜。若為四與二十七的乘積，則代表月亮出現在二十七星座當中每一個星座的四種弦月，而這些星座將月亮每個月經過的黃道分為二十七等分，另外念珠串有一〇八顆念珠，也是表示覺悟前要克服的欲望數量。密宗的有些念珠會以聖人或喇嘛的遺骨製作而成。

藏傳佛教徒通常會用念珠幫助計算誦念真言或是進行「三皈依」儀式（三皈依就是堅定皈依佛、法、僧的信仰，藉由朝聖、打坐、奉獻、行大禮拜等虔信的舉動）的次數。

密宗有四種儀式規定要使用特殊的念珠：

❖ **懷柔儀式**：要使用水晶、珍珠、白蓮子、白珊瑚、螺殼或象牙念珠。
❖ **增財或增長儀式**：則要使用菩提子、蓮子、黃金、白銀或青銅念珠。
❖ **召喚、吸引與息滅儀式**：要用紅珊瑚、紅珍珠、紅瑪瑙、紅檀木或散發藏紅花香味的紅木念珠。
❖ **誅滅儀式**：則是用鐵、鉛、人骨或獸骨念珠為主。

關於神佛的念珠，通常觀世音菩薩會持水晶念珠或珍珠念珠，顆粒大小相同的念珠，象徵其心境平和純淨，而「一〇八」的數字也與觀世音菩薩一百零八個化身相符合。某些怒目神，例如大黑天神，會手持或配戴小骷髏頭的念珠或是

科成骷髏頭形狀的骨片，通常畫成以十二、十六或二十一顆骷
髏串成的念珠。因為十二顆骷髏象徵擺脫十二因緣；十六顆骷
髏象徵十六空；二十一顆骷髏象徵二十一種純淨智慧。

顆數	經典出處	象徵意義
1080顆	《金剛頂瑜珈念珠經》 《文殊儀軌經》	包括了十法界的各108個數，108種心安住於一境的寂靜狀態，亦即百八三昧。
108顆	《校量數珠功德經》 《金剛頂瑜珈念珠經》 《陀羅尼集經》 《文殊儀軌經》 《木槵子經》	成就108種心安住於一境的寂靜狀態，以及滅除108種的煩惱。
54顆	《校量數珠功德經》 《金剛頂瑜伽念珠經》 《陀羅尼集經》 《文殊儀軌經》	大乘菩薩，自發心到成佛之間的54種階位。
42顆	《陀羅尼集經》	包括：十住、十行、十迴向、十地、等覺、妙覺。
27顆	《校量數珠功德經》 《金剛頂瑜伽念珠經》 《文殊儀軌經》	代表著27賢位。
21顆	《校量數珠功德經》 《金剛頂瑜珈念珠經》 《文殊儀軌經》	十地、十波羅蜜及佛果。
14顆	《文殊儀軌經》 《校量數珠功德經》	觀音十四無畏、十四等、十四忍。

◎佛教七寶◎

　　所謂的佛教七寶，指的就是七種珍寶，又可稱為佛教七珍，泛指世界上最珍貴的七種寶玉，也蓄納了佛家淨土的智慧與光明，不過因為許多經書上的說法不一，今以《般若經》所說的七寶是金、銀、琉璃、珊瑚、琥珀、硨磲、瑪瑙，這七種寶物，正蘊育著深刻的內涵，也成為最為珍貴的寶物。

❖ **金**：在佛經中把金稱作「蘇伐羅」，一般黃金所代表的四個含意：無變、無染、無礙，以及帶來財富。因其具有恆久不變、百煉不輕的特性，自古以來，就被人所喜愛，以黃金製成的念珠，更顯示出尊貴。

❖ **銀**：佛經裡常稱之為「阿路巴」，品質好能量高的銀，通常銀色呈現淨白而光亮，不過卻很容易因氧化而形成一層「黑垢」，因此以銀所製作的念珠特別需要注意保養問題，才能常保光亮如新。

❖ **琉璃**：佛經裡稱為「吠琉璃」，琉璃所指的是一種青色帶光的寶石，以琉璃製成的念珠，其最大的特性，是具有同化作用，也就是不管何種物品，只要接近琉璃，很容易被琉璃的顏色所同化，這是琉璃最為特殊之處。

❖ **硨磲**：在佛經中被稱作「牟婆洛揭拉婆」。硨磲其實是海中大蛤殼內，白晰如玉之物，其代表的顏色，正說明了心地的無染清淨處，同時具有不被外境所轉的能量。

❖ **瑪瑙**：佛經裡稱其為「摩羅伽隸」，事由玉髓及蛋白石、結晶石英的混合物所構成。瑪瑙的種類繁多，顏色各異，因此以其製作出來的佛珠，不論外觀或是色澤上，都顯得非常華麗。

❖ **珊瑚**：珊瑚的品種可分為紅珊瑚、藍珊瑚、黑珊瑚、日本珊瑚、地中海珊瑚、喀麥隆珊瑚、海南珊瑚等等，自古羅馬時代，就認為珊瑚具有開啟智慧、防止災禍等功效，是供佛的吉祥物品。

❖ **琥珀**：琥珀根據不同的顏色、特點，可以劃分出來各式各樣的品種，有金珀、血珀、靈珀、藍珀、石珀、香珀、花珀、蠟珀、水珀、明珀、蟲珀、蜜蠟、紅松脂等等，其中以金珀最為珍貴，屬於優質的琥珀。早在遠古時代，琥珀就被當作治病的工具之一，琥珀摩擦受熱後所散發出來特有的香氣，帶給人無窮的力量及面對挑戰的勇氣。

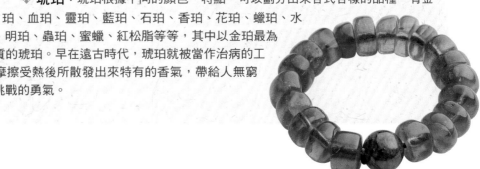

第3章 念珠的材質

念珠是佛教重要的法器之一，念珠的材質五花八門，菩提子、金剛子、沉木、檀木、水晶、蜜蠟、琥珀林林總總各具不同的特色，正因如此，也會有持誦功德的差異。

以下將針對不同的念珠材質一一介紹其能量、保養方式，以及使用功效，讓您能更加深入持誦念珠的功德，幫助您輕鬆瞭解配戴念珠的功用，帶領您一窺念珠的無量奧祕及如海功德。

 佛教七寶

佛教七寶・金

〔能　量〕

具有無限的投射能量，可安身心、吸納吉祥圓滿之氣，以此材質做成的念珠，代表著無變、無染、無礙以及帶來財富，更因其具有恆久不變、百煉不輕的特性，所以經常誦念，必增福慧。

〔材　質〕

以黃金作為主要材質，在《阿彌陀經》、《稱讚淨土經》、《無量壽經》、《法華經》裡明確提及佛教所說的七寶，均以黃金作為其首，不過以金、銀製成的念珠在市面上並不常見。

〔如何保養〕

配戴後的純金念珠會因污漬或灰塵沾染，光澤漸失，平常只要加入少許中性洗潔劑，以溫水浸泡清洗，取出後擦乾即可。平常配戴時，要注意避免與香水之類高揮發性物質

接觸，否則容易導致褪色。此外，黃金的質地較為柔軟，取下收藏之時，要以絨布包好再收藏，避免與其他飾品互相摩擦，以免變形。

〔使用功效〕

根據記載，黃金具有鎮心肝、安魂魄、安神等作用，自古以來就是深受人們所喜愛的材質。

佛教七寶・銀

〔能　量〕

銀是財富的代表，因此經常配戴與誦念，有助於財富聚集的能量增加！

〔材　質〕

銀是貴金屬之一，天然的銀礦會呈現礦塊和晶粒的塊狀，純銀的印記是990，標準銀的印記是925。純銀是指含銀量92.5%的銀質品，是銀器的最高純度，若足銀會過於柔軟，易氧化。

〔如何保養〕

銀是屬於活躍性的金屬，容易與空氣中的硫產生化學反應而變黑，所以在溫泉或游泳池之類的地方，要避免配戴，銀質念珠產生氧化時，可以軟布沾少許銀油擦拭，可以恢復其光澤。

〔使用功效〕

配戴銀質念珠，對於負面能量，具有不錯的防護效果，可以避免被侵犯，若常常以銀質念珠念誦，所得到的祈福效果、甚至感應，都會特別好。

| 佛教七寶

硨磲

〔能　量〕

　　硨磲也是佛教七寶之一，經歷千百年蘊育而成，所散發的磁場能量驚人，其潔白莊嚴、祥瑞如意的外表，具有招財、養身、鎮心、安神的功能，甚至能協助調整自身磁場，安定氣場與能量。

〔材　質〕

　　硨磲是分佈在印度洋及西太平洋的一種大型雙殼類生物，殼大而厚，殼面粗糙，通常生長在海底一百至兩千公尺的熱帶珊瑚礁之間。中國在清朝時期二品以上官員在上朝時，都會配戴以珍貴硨磲所串成的朝珠，而藏傳密教的高僧喇嘛，或是修煉觀音菩薩法門者，也會以硨磲穿成念珠來加以誦念，甚至成為必要法器。

〔如何保養〕

　　硨磲與珍珠、珊瑚的成份類似，都是屬於碳酸鈣所形成的寶石，硬度很低，因此要避免碰撞或接觸強酸、強鹼，因此也不適合用粗鹽水淨化。建議可以將硨磲放在佛堂供養或以薰香淨化。每次配戴後，最好用過濾水或礦泉水沖洗乾淨，再以細軟布擦乾，萬一有污垢時，可使用中性清潔劑稀釋後洗淨，再以清水沖洗乾淨之後，擦乾即可。

〔使用功效〕

　　配戴硨磲念珠可增進身心的調和之氣，消除煩惱業障，增加智慧。《本草綱目》記載，硨磲具有鎮心，安神的功效。因此長時間配戴有改善失眠、增強免疫力、抗老化，調節身心平衡。

● 硨磲觀音念珠

佛教七寶・硨磲念珠

▌佛教七寶

琥珀

〔能　量〕

　　琥珀，也被稱為幸運石，琥珀的質感柔潤，經常持誦可以會有安祥心靜、納福吉祥、護身安神之感，對於磁場轉變或淨化，也有一定效果。

〔材　質〕

　　琥珀是由生長於數千萬年前的新生代第三紀的松樹樹脂，流下至地面時凝聚成塊，經過壓力和熱力變質而形成的，因此琥珀內部常有天然氣泡或其他礦物質、生物等雜質，目前琥珀的天然顏色除了一般可見的黃色、褐色之外，還有罕見的紅色、橙色、綠色，甚至白色。除了列為佛教七寶以外，在中世紀的歐洲，琥珀也被作成天主教的玫瑰念珠，具有將負面能量轉化為正向的磁場淨化的力量，因此自古東西方都將琥珀視為珍貴又吉祥的寶物。

〔如何保養〕

　　琥珀念珠要避免太陽直接照射，不宜放在高溫處，琥珀不宜受熱與曝曬在陽光下，有容易脫水的特質，過於乾燥，會產生裂紋，同時也要避免與指甲油、酒精或汽油等化學物品接觸。此外，由於琥珀的硬度低，不宜受外力撞擊，要避免磨擦，防止破碎，若有污漬可用絨布沾清水擦拭，或使用中性肥皂水沖洗。

●金絲珀念珠

〔使用功效〕

　　琥珀具有安定的力量，配戴後有助於集中思考力，對於避邪化煞、除魔驅邪也有一定的效果。

佛教七寶・六字真言琥珀念珠

佛教七寶

蜜蠟

〔能　量〕

具有強大的避邪、化煞能量，修補人體及四周的磁場，有些地方的風俗習慣，會讓小孩配戴蜜蠟，以驅邪鎮驚，消除強大的負面能量，求取平安。

〔材　質〕

屬於琥珀的一種，因此也有人將佛教七寶中的琥珀由蜜蠟取代。蜜蠟是第三世紀時，在波羅的海沿岸的松柏科植物樹脂，經地質作用，被泥土沈積物掩埋，經過長久的地質時期，經過聚合、固化而形成，因此大部分的蜜蠟，多在波羅的海沿岸被發現。

〔如何保養〕

琥珀的熔點低，應避免在太陽下直接曝曬，也不適合放在高溫的地方，平常配戴時，要避免與指甲油、酒精、汽油等接觸。若是佩戴時間較長，光澤漸失之時，可用少許的凡士林，塗抹在表層，再使用絨布輕輕擦拭，蜜蠟美麗的光澤立刻重現。

〔使用功效〕

配戴或念誦蜜蠟念珠時，當蜜蠟接觸到體溫或摩擦受熱後，會散發出淡淡的芳香，可讓身心靈得到安神、定氣的感應。

●老松香蜜蠟念珠

佛教七寶・蜜蠟念珠

▎佛教七寶

琉璃

〔能　量〕

　　琉璃的設計與造型，多以吉祥物或開運物為主，因此具有加持效果，可以帶來開運納福的優質能量。

〔材　質〕

　　一般市面上的琉璃可分為天然琉璃、人工琉璃兩種。天然琉璃形成原因，是火山爆發後高溫溶解岩石土壤中的礦物質，導致生成類似人工玻璃的物質，又稱為天然的火山琉璃；而人工琉璃是混合燒製而成，以各種顏色的氧化鉛水晶玻璃，脫蠟鑄造而成。

〔如何保養〕

　　配戴琉璃念珠要避免磨擦或是碰撞，尤其避免與硫磺接觸，若要恢復表面光澤，可用乾淨的水擦拭即可。

〔使用功效〕

　　經過自然孕育而成的琉璃，與天然水晶一樣，都擁有特殊的磁場，具有儲存、傳遞及擴大的功能，經常接觸，可提升優質的能量。

◎琥珀的種類	
琥珀的亮度、色澤千變萬化，以琥珀的產地及色澤細分就有兩百多種，以其外貌來說，包括素面、花面、花紋、凹凸、線條等等，根據琥珀的不同顏色與特點，可分為金珀、血珀、藍珀、蜜蠟、蟲珀、花珀、骨珀、水珀、石珀、香珀等等，略微區別如下：	
❖ 金珀　黃色透明澄澈，晶瑩猶如黃水晶，彌足珍貴。	❖ 蟲珀　包裹著昆蟲等生物的琥珀。
❖ 血珀　顏色有如高級紅色葡萄酒，是出土年代久遠的透明琥珀。	❖ 骨珀　顏色呈現渾圓白色的琥珀。
❖ 藍珀　大部分產於多明尼加，藍珀特殊的螢光反應獨樹一格，在日光下對藍色反應愈強烈愈顯珍貴，以多明尼加北部礦區所產藍珀，其色彩最為濃烈。	❖ 水珀　淺黃色，為透明度較高的琥珀。
	❖ 石珀　石珀顏色偏黃，卻仍有著晶晶瑩剔透的光澤。
❖ 花珀　介於透明琥珀和不透明之間的琥珀。	❖ 香珀　聞起來，具有特殊香氣者，稱為香珀。
❖ 蜜蠟　市面上常見的蜜蠟也是琥珀的一種，只是蜜臘色澤黃而不透明，與一般琥珀的特徵大不同，所以常讓人誤以為是兩種不同的寶石，其實不透明的琥珀就是蜜蠟。	

佛教七寶・血珀念珠

| 佛教七寶

珊瑚

〔能　量〕

　　根據記載，配戴珊瑚具有驅邪以及逢凶化吉的能量，尤其以紅色、粉色珊瑚念珠，經歷千萬年而成，可加強配戴者的魅力，對於身體調和也有一定的作用。

〔材　質〕

　　珊瑚礁的形成，除了造礁珊瑚外，還得加上貝類、石灰藻、有孔蟲等分泌鈣質骨骼膠結作用，經過長期累積所致，其種類可分為桃色珊瑚、紅色珊瑚、白珊瑚、粉色珊瑚及黑珊瑚等等種類。

〔如何保養〕

　　珊瑚屬於有機物，因而要避免沾到酸性物質，同時盡量避免曝曬在陽光下，收藏時要特別注意溫差。

〔使用功效〕

　　長期配戴珊瑚念珠，對於舒緩婦女生理病或經痛，有不錯的效果，配戴後會隨著本身的健康狀況而使得珊瑚有所變化，若顏色越戴越淡，可能是血液循環上發生問題。

● 紅珊瑚念珠

佛教七寶・紅珊瑚念珠

佛教七寶 · 瑪瑙念珠 🏵

佛教七寶

瑪瑙

〔能　量〕

可平衡正負能量，對於擺脫濁氣有不錯的效果，可說是具足幸福與祥和之氣的寶石。

〔材　質〕

主要材質是二氧化矽，屬於水晶的隱晶質種類，主要產於巴西、印度、非洲等地，瑪瑙雖然也是水晶的一種，但其外形屬於隱晶質，不像一般水晶有著明顯的結晶形狀，外表是晶瑩光滑，又稱為「玉髓」。

●印度瑪瑙念珠

〔如何保養〕

瑪瑙可浸泡於溶入粗鹽的水中，取出後再輕輕搓洗，以清水沖洗乾淨後，放置在太陽下曝曬一至兩個小時，再以軟布擦拭乾淨即可。

〔使用功效〕

長期配戴，可維持身體及心靈和諧，消除疲勞、去除壓力、緊張，常保健康愉快，有安定心境的效果，更有避邪、招財及聚財的功效。

●紫玉髓念珠

菩提類

　　一般人大多認為菩提子是菩提樹的果實，其實這是錯誤的觀念，菩提樹的念珠可分為金剛菩提以及法眼菩提珠。而法眼菩提珠更可細分為鳳眼、龍眼、虎眼、心眼等四種。

　　根據記載，菩提子是一種名為川殼的植物所結的果實，菩提子因表面花紋與產地的不同，可區分為星月菩提、鳳眼菩提、天竺菩提、龍眼菩提、沙果、菩提根等等。

菩提類・星月菩提

〔能　量〕在《曼殊室殊利咒藏中校量數珠功德經》裡指出使用菩提子念佛，或者單純配戴菩提念珠，即可獲得無量倍的功德，由此可知其殊勝處。

〔材　質〕星月菩提可說是名氣響亮，修行者經常是人手一串，其質地堅硬、歷久不變，而且配戴愈久，愈顯光澤，全新的星月菩提念珠通常顏色淡黃，但隨著配戴時間良久，經常撥弄掐念後，顏色會愈來愈深，色澤光亮。

〔如何保養〕菩提子是經過天然乾燥的果實，因此要避免讓菩提子直接在水中浸泡，以免發霉。

〔使用功效〕菩提念珠是最廣泛使用的法器之一，許多顯宗佛教弟子，配戴星月菩提念珠為多，而密宗佛教弟子則以鳳眼菩提念珠較多，平時誦掐菩提念珠者，可得吉祥平安無量倍。

菩提類 · 鳳眼菩提

〔能　量〕

　　鳳眼菩提可說是密宗修煉者具備的法器，其鳳眼代表祥瑞之氣，以鳳眼菩提製成的念珠，具有增加智慧、趨吉避凶的能量。

〔材　質〕

　　屬於植物果實的鳳眼菩提，帶著古樸精緻的褐色，仔細察看，每一顆菩提的芽眼有如眼睛，也因此得名。

〔如何保養〕

　　摸起來質地非常堅硬的鳳眼菩提，配戴時間愈久，色澤會由淺變深，新買來的珠色會呈現褐黃色，持誦一段時間，顏色呈現充滿光澤的紅褐色。

〔使用功效〕

　　根據佛經記載，以鳳眼菩提為念珠，不論是手持或配戴，時時誦念，就能具足無量福德的功效，化煩惱為智慧的清氣，活得更自在光明。

●鳳眼菩提念珠

菩提類・天竺菩提念珠

| 菩提類

天竺菩提

〔能　量〕

在《佛說校量數珠功德經》記載：若以菩提為數珠者，或用掐念、手持誦念，可得無量福德。

〔材　質〕

屬於菩提類的天竺菩提，其形狀大小不一而作橢圓狀，外表帶有不規則的斑裂紋，色調柔和，潤澤優雅。

〔如何保養〕

經常持誦會使天竺菩提的光澤更加明顯，也是最天然的保養方式。

〔使用功效〕

使用天竺菩提念珠來誦念，可得覺悟及智慧，斷絕世間煩惱，並成就涅盤、成就圓滿功德。

● 花菩提根持珠

● 龍眼菩提手珠

礦物玉石類

水晶

　　水晶為地球上分佈最廣的石英變種，晶體通常為透明無色、六面體的稜柱狀，帶有金字塔型的末端與其垂直的條紋，斷口為貝殼狀。自中世紀以來，水晶常被西方用來作為預測未來的工具，礦源的主要產地為巴西，另外瑞士、法國阿爾卑斯山區與馬達加斯加、俄國與美國也都有相當大的產量。

　　水晶可分為顯晶類、隱晶類及特別類等三種。顯晶類是由多條六角形水晶柱所生成的水晶簇，市面上常見的白水晶、黃水晶、紫水晶、髮晶、粉晶、虎眼石等等都屬於這一類。而有別於顯晶類，隱晶類的水晶就非常平滑，瑪瑙就是屬於這一類，至於無法歸於前面兩項，與一般水晶分別很大者，就歸納為特別類。

〔能　　量〕天然水晶經過歲月的粹煉，可說凝聚了千億萬年的天地靈氣，加上地殼各種礦物質一同沉澱，形成各式各樣顏色豐富的水晶，每種水晶，其實都有著不同的能量，更有著不同的磁場與功能。

〔材　　質〕水晶生成於變質岩中，在礦物學中屬於石英，化學成分為二氧化矽，是一種透明的寶石。

〔如何保養〕水晶重要的是保有正面的能量，因此平常不配戴時，可放入加了粗鹽的過濾水中浸泡，或以薰香法淨化，另外在正午時分曝曬在陽光下兩小時也是不錯的淨化方式，可以使負面能量消除，恢復水晶原有的正向能量。

〔使用功效〕水晶是正向能量強大的寶石，對於人體有調節氣場的功用，另外各種顏色的水晶，皆有其不同的特殊功能，皆有助於身體健康，廣結善緣，調整體質，還可以趨吉避邪，吉祥圓滿。

◎水晶的種類◎

● 顯晶家族

❖ **白水晶** 　無色透明、晶瑩剔透的白水晶，素有「晶中之王」之稱，經常配戴，具有避邪、聚氣、改運等功效，不過有些白水晶並非都是呈現透明狀，有的則是自然生成白色雲霧狀。經常持誦，可以有效達到淨化身心的功能。

❖ **黃水晶** 　可分為天然與人工處理兩種，雖然兩者靈性功能差異不大，不過價格上卻差異很大。一般說來，黃色讓人聯想太陽的光芒，因此有著明亮、希望、幸福、等能量，對於想要招財運的人來說，不妨配戴黃水晶，也許可以招來財運。

❖ **紫水晶** 　情緒不穩定或失眠的人，可以考慮配戴此種水晶，因為溫柔浪漫的紫色光芒，有助於提高EQ、開啟智慧，增加自信，重要的是，可以鎮定情緒，大大提升人際溝通力，廣納好人緣，對於提高思考力與知識能力，也有不錯的效果。

❖ **粉晶** 　有「芙蓉晶」之稱的粉晶，象徵美的光輝，長期配戴可保青春美麗，增進人緣，所散發出粉紅色魅力，有助於增加桃花與人緣，改善異性緣，增加愛情運勢！

❖ **髮晶** 　包括金髮晶、紅髮晶、綠髮晶、黑髮晶、鈦晶等等。髮晶之意取其結構有纖細如髮絲的礦物質而言，平常配戴髮晶，有助於去除雜念、增強敏銳度，更可以喚醒個人的行動力，增加個人氣勢，在處事上更顯魄力。

❖ **綠幽靈水晶** 　水晶裡面有綠色火山泥灰等內容物的綠幽靈水晶，在晶透的水晶裡，出現猶如雲霧、水草及漩渦等現象。配戴綠幽靈水晶，可讓人工作上更順遂，財運亨通、廣招貴人，若患有憂鬱的人，長期配戴，具有令人心神開闊、心情愉快的效用，也有助於轉換磁場、凝聚財富的氣場的力量。

❖ **茶晶** 　茶晶是呈現六角柱體，裡面呈現冰裂或雲霧等。顏色深淺不一，茶晶顏色之所以不同，主要是受到天然的輻射線影響。平常配戴茶晶可吸收人體的負能量，有效吸收濁氣，避邪效果不錯。

● 隱晶家族

❖ **瑪瑙** 　有幸福之石之稱的瑪瑙，具有和平與幸福的能量，能讓人心情和諧、安定，具有調整人體磁場的功效，對於增強堅定意志力、造就進取的性格也有幫助。

❖ **玉髓** 　主要成分為二氧化矽，市面上較為常見的顏色有白色、藍色、灰色、紫色、黑色等等，隨身配戴，可有效隔絕負面能量，同時增加個人的正面能量，讓您的人際關係更為圓滿、和諧。

❖ **貓眼石** 　有些水晶的成分裡有石綿纖維，會因所含不同的微量金屬，產生不同的底色，底色不同因而有不同的名稱，底色微綠者稱為「貓眼」，藍色底稱為「藍虎眼」，底色呈現金黃則有「虎眼」之稱。配戴貓眼石可有效增加自信心，使頭腦清晰，完全提升工作能量，健康方面，可增進新陳代謝的功效。

❖ **碧玉** 　碧玉常常附著大量的礦物質，許多人會直接把它拿來當作護身符或避邪吉祥物，自古就是人們增加能量，避邪擋煞的常見物品。

▌礦物玉石類

白水晶

〔能　量〕

　　白水晶具有平衡的能量，因此家中若有白水晶，可放在電腦、電視、微波爐等電器產品周圍，如此可降低輻射、電磁波的干擾。此外，對於增進自身的靈性與直覺力、去除身體的污穢之氣，讓心情沉澱也有不錯的效果。

〔使用功效〕

　　增強自身的淨化力，經常配戴或誦念，可增進靈感，提高創造力，加強直覺力，對於增進大小腦的功能，效果十足。白水晶也可護身，避邪、擋煞、保平安，經常持水晶念珠誦念，可去除身上的病氣，促進身體細胞再生、活化新陳代謝及增進血液循環的效果，對於改運也有不錯的功效。

▌礦物玉石類

黃水晶

〔能　量〕

　　黃水晶帶有聚財的強大能量，因此隨身配戴之外，在辦公室或住家擺放黃水晶物品，具有聚財的功用。此外，黃水晶象徵智慧、喜悅，可減輕莫名恐懼，對於神經衰弱或敏感的人來說，具有不錯的鎮定作用。

〔使用功效〕

　　除了可以招來錢財，黃水晶的色彩琳琅滿目，從淺黃色、正黃色、橙黃色、金黃色都可見，經常配戴，可以消除疲勞，對腸胃消化方面的不適也有舒緩的效果。

礦物玉石類・白水晶念珠

▌礦物玉石類

紫水晶

〔能　量〕

　　有智慧石之稱，具有開發智慧，有助思考及集中力等能量，對於放鬆情緒、增進人際關係，都有著正向的能量。另一方面，在西方國家，紫水晶是代表堅貞不移的愛情守護石。

〔使用功效〕

　　紫水晶的磁場能量，能夠增強人緣，有助於改善人際關係，因此常被當作是召喚愛情、穩定感情的最佳晶石。有助於安定心神、穩定情緒，精神集中，就能開啟智慧及激發無限創意。

▌礦物玉石類

綠幽靈水晶

〔材　質〕

　　綠幽靈水晶又稱為「綠色幻影水晶」，將青苔狀的物質，如火山灰、泥礦、礦石或礦物包含在水晶裡，形成水晶晶體內出現如水藻、雲霧、棉絮或金字塔狀內含物，內含物呈現綠色的即為綠幽靈水晶。由於晶體內含物的內容與顏色不同，可區分為綠幽靈水晶、紅幽靈水晶及白幽靈水晶等等。

〔使用功效〕

　　綠幽靈水晶能夠吸收反射綠色光譜，主要功能具有招正財、轉換負面磁場。配戴綠幽靈水晶，可讓人工作上更順遂，財運亨通、廣招貴人，情緒較為低落不安者，可以長期配戴，具有讓人敞開心扉、開朗快樂的功效。

紫水晶念珠

● 黑碧璽手珠

礦物玉石類
碧璽

〔能　　量〕碧璽原石若擺放在電腦或是電視附近，
　　　　　　可化解對身體有害的輻射磁場。

〔材　　質〕屬於水晶類，碧璽的顏色多樣，有紅碧璽、綠碧璽、黃碧璽、
　　　　　　西瓜碧璽、藍碧璽、黑碧璽等等。

〔如何保養〕保養時，將碧璽用水沖洗約三分鐘，擦乾後，放在午時的陽
　　　　　　光下曝曬一至兩小時，以達到淨化的功效。

〔使用功效〕有願望石之稱的碧璽，能幫助達成願望，消除壓力，疲勞，
　　　　　　徹底趕走負能量、改善運氣，讓身心保持健康、心境平和。

● 茶晶念珠

礦物玉石類
茶晶

〔材　　質〕

　　大部分的茶晶是呈現六角柱體，裡面有時會呈現冰
裂或是雲霧等。其顏色會呈現深淺不一的現象，而茶晶
的顏色之所以會有所不同，主要是受到天然的輻射線影
響，有些會顏色偏深棕色，有些則為淺棕色，不過也有
完全不透光的黑棕色。

〔使用功效〕

　　平常配戴茶晶可吸收人體的負能量，有效的吸收
濁氣，可以改善情緒浮躁不安，有效穩定氣場，沈澱思
緒。經常配戴對女性來說，可調解血氣，對於長期受到
婦女病所苦者，更有療效，對於容易暴躁、帶有神經質
的人來說，亦能收平衡之效。

礦物玉石類・碧璽念珠

▍礦物玉石類

翡翠

〔能 量〕

翡翠有綠、紅、黃、白、黑等多種顏色，雖然自古就充滿神祕色彩，不過近來的科學證明，天然翡翠具有鉻等微量元素，有益於人體健康。

〔材 質〕

礦物學的分類上來說，玉可為兩類，一種是軟玉，另一種是硬玉。軟玉和硬玉都屬於鏈狀矽酸鹽類，而硬玉是輝石類的鈉鋁矽酸鹽，因此硬玉又稱為輝石玉或輝玉，大家所熟悉的翡翠，就是硬玉。翡翠主要是由鋁、矽、納及微量的鈣、鎂、鐵、鉻等微量元素所組成，為鈾鋁矽酸鹽礦物。

〔如何保養〕

翡翠的保養很重要，配戴時要避免與硬物碰撞，若要去除翡翠表面的灰塵、油污，可用過濾後的清水快速洗淨，擦拭乾淨後，放在通風處晾乾，避免放在陽光下曝曬。

〔使用功效〕

翡翠質感細膩，有趨吉避凶之用，天然的翡翠會隨著配戴者不同的磁場，顏色也會有所變化，有些顏色會變得翠綠有光澤，表示身體能量強壯健康，配戴翡翠念珠，自古就有消災解難、平安喜樂與貴氣的象徵。

礦物玉石類・翡翠念珠

礦物玉石類

葡萄石

〔能　量〕

穩定心神，不受他人的言語或觀念所左右，使其不受障礙的干擾，提高直覺判斷力，增加成功的可能性。

〔材　質〕

葡萄石常呈現油脂綠色或淡黃色、棕色。形狀多為桶狀晶體或葡萄狀。葡萄石大多形成於玄武岩的裂隙或氣孔之中，常與沸石類的礦物共生。

〔如何保養〕

可直接水洗，再以棉布擦乾，可保持光亮如新。

〔使用功效〕

葡萄石具有消除壓力、安定神經的效果，有緩解失眠的煩惱，壓力也可因而紓解。

● 葡萄石念珠

礦物玉石類・**金珊瑚手珠**

礦物玉石類・三色虎眼念珠

▌礦物玉石類

黑曜石

〔能　量〕

　　黑曜石可說是排除負面能量最強的水晶之一，能量精純，在水晶家族中，是屬於吸納性能量，配戴時以右手配戴為佳，根據古老氣法學，一般都是左進、右出，因此戴在右手，將可讓體內承載的邪氣、病氣與厄運完全吸納排出體外，轉化正向能量。

〔材　質〕

　　天然水晶的一種，又稱為黑金剛或烏石。除了黑色之外，也常見紅褐色、黃色、綠色等，內含纖維狀結構，能量厚實，是吸納性強的能量石。

〔如何保養〕

　　黑曜石屬水晶的一種，晶體常會有裂紋狀、棉絮狀的內含物，這是因為內含的生成物不同而有所差異，並不影響本身能量，但是礦石類念珠要盡量避免碰撞、擠壓與高溫，也不宜接觸化學性物質，保養時以清水沖洗乾淨，再以軟布擦拭，保存時以軟布包裹收藏即可。

〔使用功效〕

　　配戴誦念後，可將身體上的濁氣順利排出，大大增強身體上的正面能量，放在家中，有鎮宅、避邪、化凶之用，黑曜石具有轉運功效，可吸收病氣、強化腎臟功能、幫助睡眠的作用。

礦物玉石類

青金石

〔能　量〕

青金石的顏色是藏傳佛教中藥師佛的身色，若能經常配戴，甚至時常掐誦，可達到平安健康、無病無災的能量。

〔材　質〕

青金石又稱天青石，屬於方鈉石族礦物，它的晶體形態呈現細密塊狀、粒狀結構，是一種不透明或半透明的寶石，主要由天藍石以及方解石組成，顏色包括天藍、深藍、紫藍、綠藍色。

〔如何保養〕

配戴青金石時，要注意不要與硬物碰撞，避開熱源，不可以放置在陽光下直接曝曬，或放在爐灶旁邊，不配戴時，要以質地柔軟的軟布包裹，避免與其他飾品碰撞，造成刮痕。

〔使用功效〕

具有強大精純能量的青金石，若能經常配戴對循環系統、皮膚有一定的幫助，可促使新陳代謝，讓身體倍感輕盈，有助健康。

●青金石念珠

礦物玉石類・老藥師珠念珠

▌礦物玉石類

綠松石

〔能　量〕

　　有成功之石美譽的綠松石，早在古埃及、古墨西哥、古波斯時期，就被視為具有強大的避邪能量，古人視其為珍貴的寶石，藏族人甚至把綠松石當作是神的化身，成為隨身攜帶的天然護身符。

〔材　質〕

　　屬裂隙淋溶填充型礦床的綠松石，是由含銅的地表水與含鋁、含磷的礦物或岩石作用，在裂隙中沉澱所形成，其型態呈現細緻綿密的隱晶質，屬於玉石的一種。

〔如何保養〕

　　綠松石不適合放置在溫度過高之處，切忌不能直接在陽光下曝曬，以免褪色或出現裂縫。配戴綠松石時，除了要避免與香水、肥皂水、酒精接觸，以免寶石產生質變。

〔使用功效〕

　　除了配戴之外，可以在家中放幾顆綠松石，具有鎮宅、避邪，保護財產的功用。經常配戴，對於自身的幸福也有加成效果。

●綠松石念珠

礦物玉石類・花綠石念珠

▌礦物玉石類

石榴石

〔能　量〕

　　自古至今，石榴石都代表忠貞、純樸與信仰等意涵，對於出外的遊子來說，若能隨身配戴，具有增強體力、抵抗疾病侵襲的能量，若能誦念，還可化險為夷、長保平安。

〔材　質〕

　　石榴石屬於等軸晶系，光澤具有玻璃及松脂光澤，隨著成分的不同，常見有紅、棕、白、黃、黑等色，透明度從透明到半透明都有。其中紅石榴石一般又俗稱紅寶。

〔如何保養〕

　　通常石榴石表面上常見的雜質多是灰塵、油漬等等，所以如果要恢復光澤，最好的清潔方式，就是以一般中性清潔劑，洗淨後擦拭乾淨即可。

〔使用功效〕

　　長期配戴有助於強化耐力，增加自信心、增強抵抗力，讓心情保持樂觀開朗。

●紅寶念珠

礦物玉石類・紅寶念珠

▌礦物玉石類

女媧石

〔能　量〕

　　一般又稱女媧石為開運靈石，那是因為據說女媧石具有強大的磁場能量，可以將人體所帶的渾濁氣場驅離，淨化磁場，且含有豐富微量元素，有助於人體健康。

〔材　質〕

　　女媧石屬於天然玉石，又稱為五花石。形成於古老火山變質岩，有促進新陳代謝，活化身體組織，促進酵素生成，女媧石內含鐵、鎂、錳、鋁、鈣、鉀等多種微量元素，是一種天然藥用玉石，因此也稱長壽石。

〔如何保養〕

　　平常不配戴時可放在陽光下，直接曝曬一至兩個小時，以最天然的淨化方式來做平日保養。

〔使用功效〕

　　具有淨化不良磁場、增強正面能量、有益健康、補強身體的靈動力。

●女媧石念珠

礦物玉石類・玉石念珠

▊ 礦物玉石類

天珠

〔能　量〕

　　其實任何的礦石都有磁場，不過天珠以色澤為紅色的磁場最強，一般而言，礦石的磁場大小，會與體積成正比，而天珠的內部具有天然的磁場能量，也造成天珠有著無法解釋的感應及特殊能量。

〔材　質〕

　　天珠是藏密七寶之一，是石葉岩的一種，主要成分含有玉質及瑪瑙。天珠的色澤約可分為黑色、白色、咖啡色、紅色及綠色等。

〔如何保養〕

　　天珠在配戴一段時間後，可用溫開水加入粗鹽溶化後放入天珠，約十至二十分鐘，取出後以冷開水沖洗，用軟布擦拭，或者在正午時分的太陽下曝曬一至兩小時，就有淨化的功用。

〔使用功效〕

　　配戴天珠一段時間後，可以充分感受到天珠的磁場及能量，增進身心調和，進而啟發智慧，將負面能量轉化為正向的思考能量，達到祥和、圓滿。

◎何謂輪轉王的七寶？

　　在佛教，轉輪王即是指教主釋迦牟尼佛，而根據印度文化傳統，轉輪王代表著世俗和宗教的最高權威，其寶物包括「七政寶」、「七近寶」和「七珍寶」。

　　轉輪王的「七政寶」代表著：增長覺悟、智慧的七種覺支（修行方法），包括金輪寶、神珠寶、玉女寶、主藏臣寶、白象寶、紺馬寶、將軍寶。

　　「七近寶」，代表著：寶劍、龍皮褥、宮室、衣袍、靴履、寶座和林苑。

　　「七珍寶」則代表著犀牛角、一對方形纏枝耳環、紅色珊瑚樹、一對圓形纏枝耳環、十字徽相或標識、一對象牙、鑲嵌在三葉飾金座上的三睛寶石。

礦物玉石類・**天珠念珠**

🌸 果實果核類

果核果實類・木槵子

〔能　　量〕若能隨身攜帶由木槵子做成的念珠，具有消除煩惱、破除邪惡的能量。

〔材　　質〕木槵子又稱為無患子，臺灣可說是無患子的原鄉，早年臺灣遍地都是無患樹，無患子就是無患樹所結的果實，在《木槵子經》中記載以此念珠，做為信佛修行的輔助工具，可說是佛教經典中，最早關於念珠的記載，所以可說是最早的念珠材質。

〔如何保養〕避免接觸到水，以免因潮濕而發霉。平常用軟布擦拭保存，偶而曬太陽以保持乾燥。

〔使用功效〕若能隨時配戴，可去除邪惡之氣，佛教經典中曾記載，持捻木槵子製成的念珠可得福無量倍。

果核果實類・金剛子

〔能　　量〕金剛子的質地堅硬無比，正代表無堅不摧，經常誦念更具有摧毀邪惡的能量，是密宗修煉金剛部時必備的念珠之一。

〔材　　質〕金剛子又稱為天目珠，由菩提樹所結的果實，表面呈現凹凸不平，質地非常堅硬。

● 金剛子念珠

〔**如何保養**〕與星月菩提一樣，皆屬於果實種子材質的金剛
　　　　　　子，要避免吸收過多水分而變質或發霉。

〔**使用功效**〕根據《校量數珠功德經》記載，平日若能配戴金
　　　　　　剛子，只要勤於誦念，就可得驅邪、避禍，進而達到吉
　　　　　　祥圓滿的功效，由於金剛菩提的表面具有突粒的表面，
　　　　　　所以除了修持的功德之外，還可刺激末稍神經，按摩穴
　　　　　　道的作用。

果核果實類·摩尼子

〔**能　　量**〕摩尼的原意就是寶珠，據說有消除災難的功能。摩
　　　　　　尼子本身屬於堅硬褐色的果實，表面有許多的紋路，若
　　　　　　能經常配戴，它的驅邪、避災功能可以發揮得淋漓盡
　　　　　　致。

〔**材　　質**〕又稱錫蘭行李葉椰子、貝多羅、摩尼寶珠、摩尼菩
　　　　　　提等，屬於常綠大喬木，是棕櫚科，原產於亞熱帶地
　　　　　　區，如錫蘭及印度等地。

〔**如何保養**〕可沾適量植物精油、綿羊油、或是凡士林等油脂
　　　　　　擦拭，越顯潤澤光亮，偶爾可以放在陽光下曝曬一至二
　　　　　　小時，更能增強其能量。

〔**使用功效**〕摩尼子念珠蘊藏了豐富的能量，若能
　　　　　　經常配戴，或者持誦，可活力健康，達到穩
　　　　　　定磁場、放鬆身心、促進新陳代謝、活絡氣
　　　　　　血，強化體質的功效。

●摩尼子

果實果核類

五眼六通

〔能　量〕

　　佛教中的五眼六通之意是指：五眼即肉眼、天眼、慧眼、法眼、佛眼，唯諸佛方能同具五眼。肉眼指只能見形色的肉體眼睛；天眼無遠近晝夜阻礙；慧眼能破假相明真理；法眼是明澈世出世間一切法；佛眼則是四眼圓融通達。五眼中，前二種眼是實用眼觀；三、四兩種是用智慧觀察；後一種則眼智兼用、圓融無執。

　　六通即六神通，神為神妙莫測，通為通達無礙。六通是：神足通、天眼通、天耳通、他心通、宿命通、漏盡通。神通中，有的是報得，如天人之五通、鬼神之小通；有的是靠修得，如人間外道可修得之五通、阿羅漢可修得之漏盡通。根據佛經記載，前五通可以經過修練而達到，只有漏盡通是佛家的境界，佛教阿羅漢以上的聖者方能修得。六通也是諸佛菩薩依定慧之力，所示現出的六種無礙自在妙用。

〔材　質〕

　　五眼六通是一種產於中國與印度的南酸棗果實，屬於落葉喬木類，其果實成熟後，蒂頂會有五個小孔，裡面有五顆種籽象徵五個眼睛，頭尾貫穿打洞製成念珠，就成為一般所稱的「五眼六通」念珠。

〔如何保養〕

　　屬於果實類的五眼六通，要避免潮濕，不配戴時，最好可以保持乾燥，避免變質。

〔使用功效〕

　　經常持誦，可以藉助本身特殊的造型及寓意，而得諸佛菩薩的加持，累積如海功德。

果實果核類・**五眼六通念珠**

▌果實果核類

橄欖核

〔能　量〕

　　橄欖在西方世界被當作「和平」以及「災難結束」的正向能量，表面特有的紋路，可以順便按摩手上的穴道，達到養生效果。

〔材　質〕

　　橄欖為橄欖科植物橄欖的果實，屬亞熱帶常綠果樹之一，橄欖念珠是取其果實製成念珠，有福果之稱，用來製作成念珠的橄欖果核，通常具有質地緊密、顆粒大，色澤較深，而且油脂含量高的特色。

〔如何保養〕

　　要注意防水，也要避免放在大太陽下曝曬，以免發生裂痕，不配戴的時候宜置於陰涼處保存。

〔使用功效〕

　　經常持誦，透過念力，可以有效幫助抗老化、降低心血管疾病等等功效。

●橄欖果核是和平的正向能量

果實果核類・核桃五佛念珠

▌果核果實類・太陽子

〔能　　量〕以果實製成的佛珠，最殊勝就在於成就佛果的意義，而配戴珍貴的太陽子，可彙集降魔、驅邪的能量。

〔材　　質〕為熱帶生產的一種紅褐色堅硬果實，每粒上都有一小白點，看起來好像旭日中天，本身的紅褐色如同太陽之火，故名為太陽子。

〔如何保養〕保持乾燥，可以延長其使用壽命，除了勤加持誦之外，如果要讓其更加光亮，可以在表面抹上天然植物油，擦拭後更顯光澤。

〔使用功效〕具有破除諸黑暗，驅邪、消災的功效，帶給人清淨、安康、吉祥之氣，能開顯菩提之心，究竟圓滿。

▌果核果實類・蓮子

〔能　　量〕蓮花具足種種莊嚴功德，因此以蓮子念珠來修持，可得清淨、尊貴等具有光明美好、超脫污染、清淨微妙等正面能量。

〔材　　質〕蓮花有出淤泥而不染的特性，因此用黑蓮子做成念珠，可說由來已久，蓮花更是供佛時，常見的用花之一，而極樂世界的聖眾，都是蓮花化生，因此蓮子也成為清淨的最佳代表。

〔如何保養〕最好的保養方法，就是保持乾燥，避免接觸到水，勤加持誦，更能讓蓮子念珠的顏色更黑亮潤澤。

〔使用功效〕以蓮子持誦，有轉移安定心的作用，讓自身獲得本體清淨，遠離濁世諸穢、不與惡俱，戒香充滿，見者皆吉，獲無量殊勝功德。

●水月觀音

 原木類

　　原木類的材質,用在念珠上,可說非常多樣化,隨著材質的不同,所呈現出來的風格與特質不盡相同。適合用來做成念珠的材質,大約可分為以下幾項:

｜紅木類｜

　　所謂的紅木約可分為五屬八類。五屬即紫檀屬、黃檀屬、柿屬、崖豆屬及鐵刀木屬,而八類則是以木材的商品名來命名,最有名的為紫檀木類、花梨木類,其次有烏木類、香枝木類、紅酸枝木類、黑酸枝類、條紋烏木類以及雞翅木類。

　　以紅木製作而成的念珠,大約可分為紫檀、綠檀、黑檀及花梨木等等,質地堅硬細密,常常會在表面散發一層溫潤、發亮的釉質,同時也正可以看到屬於這種材質的價值所在,製作成為念珠,功德更是殊勝。

●紫檀念珠

▌原木紅木類‧花梨木

〔能　量〕可過濾負面的磁場,對於正面的能量有加持的作用,因此,是製造佛像、法器的首選材質,透過特有的靈氣與香氣,具有調整正向磁場的能量。

〔材　質〕屬於紫檀類,是優質又珍貴的樹種之一,又名新花梨、香紅木等。具有光澤,並且帶有清香氣息。花梨木可分為老花梨與新花梨,老花梨顏色由淺黃色到紫赤色都有,新花梨的顏色較以赤黃色為多。

〔如何保養〕以木質做的念珠,不管所使用的種類,平時保養都要以柔軟的布,做為清潔的工具,特別是要恢復念珠的光澤,充分利用軟布擦拭就可使念珠光亮如新。

〔使用功效〕有人稱花梨木為降香,經常配戴或誦念,有助於修行者引導心性,達到智慧圓滿的境界。此外,根據記載,芬芳的香味讓人感到神清氣爽、恢復疲勞,可收攝平和心性的功效。

▌原木紅木類

紫檀

〔能　量〕

　　特殊的香氣，能帶給人安撫心靈的力量，如能配戴或持誦，有助於激發創意、增強清晰的思考力與集中注意力。

〔材　質〕

　　印度所產的小葉紫檀，色澤為紫紅或紅褐色，略有香味，而老紫檀木呈現紫黑色，現在只在印度南部有少量出產，因此極為珍貴，紫檀的紋理較為深沉，色澤凝重，硬度高，因此有硬木之王的稱號。

〔如何保養〕

　　紫檀專屬的沉穩與內斂的特質，是其他材質的念珠所無法比擬。紫檀內含有豐富的紫檀素，因此只要用軟布加以擦拭，就能使紫檀念珠倍感細膩、具有光澤，若要保持念珠表面的光澤，要儘量避免接觸水。

〔使用功效〕

　　紫檀，色澤為紫紅或紅褐色，具有檀香氣息，使用後可以讓人注意力集中，具備提振精神、增強免疫力的特色。

●紫檀念珠

原木紅木類・紫檀念珠

▍原木紅木類

黑檀

〔能　量〕

　　世界上的檀木大概可分為黑檀、紫檀、沉檀、檀香、綠檀、紅檀等等，而黑檀帶有一種相當特殊的香氣，又具有避邪、強身的能量，所以有聖檀之稱，數量不多因而極其珍貴，可以帶來吉祥的能量，確保平安。

〔材　質〕

　　黑檀的種類繁多，由於生長的速度緩慢，屬於稀有木材，它的木質堅硬、耐磨，有極佳的硬度，因此適合製成念珠。

〔如何保養〕

　　經久耐用是黑檀的特點，如果常常持誦，表面自然增加光澤，平時保養可以軟布沾水擦拭，可去除髒污、增加光亮，要避免使用化學清潔劑，以免脫色或質變。

〔使用功效〕

　　長期配戴可提神、醒腦，由於黑檀本身的香氣，屬於天然香氣，聞起來十分舒暢，製成念珠，觸感細緻，具有穩定情緒、抒解壓力的特色。

● 黑檀念珠

原木紅木類・綠檀念珠

原木香木類・沉香木念珠

| 香木類 |

香木類包括檀木及沉木兩大類。

所謂的「栴檀」就是檀木，有「綠色黃金」的美譽。最常用來製作成念珠的主要原木有紅栴檀、白栴檀木兩種。沉木又稱為沉香木，質材細密，也是製成香料的最佳材質。

紅栴檀的木質堅硬、細膩，在木類材質中屬於上品。白栴檀本身帶有一種清香味道，又有白檀香木之稱。佛教常會把白栴檀香做成造像用料或是供佛的上品香料，因此以這種材料製成的念珠，意義格外特殊。

▍原木香木類・沉香木

〔能　　量〕以沉香木製作成的念珠是持誦時的最佳法器，不僅能夠去除穢氣、靜心，更因為念珠所散發木質的芬芳，像是源源不斷的正向能量，讓心養成沉靜、內斂的特質。

〔材　　質〕沉香木中最珍貴的稱為伽楠香，而沉香木的木質較為密實，有一種特殊的香氣，它所包含的樹脂濃度愈高，等級愈優，經過燃燒的過程，味道會變得醇厚而溫和，因此若出現刺鼻的味道之時，就表示其品質堪慮，並非純正沉香木。

〔如何保養〕經常配戴、持誦，可讓沉香木的表面更顯光澤，也具有清淨內心的能量。

〔使用功效〕供佛的上品香料，沉香木帶著黑色的花紋，它所散發的自然香氣，可幫助理氣、舒中、去悶、解煩躁，在使用一段時期後，香味會趨於清淡。

原木香木類・紅旃檀

〔能　　量〕帶著特殊香氣的紅旃檀，可安定修行者的心境，達到平靜心緒的境界，沉浸在檀木所釋放出香氣，對於想要進入禪定的境界將有極大的幫助。

〔如何保養〕盡量不要與水接觸，洗手前可以先將其取下，以免因接觸到水，而讓念珠吸收過多水分，導致發霉的情況。

〔使用功效〕對於心靈上的療效，有著絕佳的放鬆效果，此外，有助安撫神經緊張及焦慮，帶來祥和、平靜的感覺，具有鎮靜的效果，因此廣受喜愛。

原木香木類・白旃檀

〔能　　量〕具有安撫焦慮、精神緊張、增加冥想時的平靜與安定很有幫助。可將身心靈完全放鬆、對抗痙攣、舒緩焦慮不安。

〔如何保養〕與紅旃檀一樣，都要避免接觸到水，尤其洗澡，甚至到海邊游泳，都要事先將其取下，以免發生質變。

〔使用功效〕經過一段時間的配戴，可緩解焦慮的情緒，消弭沮喪、告別憂鬱，有助於放鬆情緒。

｜其他原木類｜

　　除了紅木與香木之外，其實還有其他原木材質被拿來製作成念珠，不論是臺灣梢楠、六道木、紅松木、樺木、香柏等的材質，也是念珠常見的材質。

　　此外，具有特殊意義的材質，例如荊棘木、雷擊棗木、黑刺木等，因選用時會依據各密乘的要求而使用，使用性特殊，流通率低，市面上不常見。

原木類 · 臺灣樟木

〔能　　量〕許多人對於樟木的味道一定不陌生，只要將提煉出來的樟腦油，差是在居家環境或身上，就可有效達到驅除蚊蟲的功效，另外心神疲憊時，沈浸在樟木香氣中，有助於消除負面能量，達到提神的作用。

〔材　　質〕樟木也叫老樟、香樟、烏樟等，目前臺灣所栽培的樟木主要有油樟、芳樟、本樟及陰陽樟四種，它屬於常綠喬木，在臺灣的中低海拔平地或山區都有分佈，在行道樹或公園美化的植樹常可見台灣樟木，搓揉其樹葉，帶有一股樟腦的清香味。

〔如何保養〕以樟木製作而成的念珠，偶爾正午時分放在陽光下曝曬一至二小時，藉陽光達到殺菌的效果。

〔使用功效〕樟樹因含有「醚油細胞」，自然散發出特有的芳香，除了是製作念珠的熱門材質，許多人將其提煉成精油來使用，若能經常配戴，可以有效提振精神，達到明目醒腦的效果。

原木類 · 台灣梢楠念珠

原木類 · 臺灣梢楠

〔能　量〕

　　以梢楠為材質做成的念珠，在誦念佛號或咒語時，藉由手指的溫度使得梢楠釋放出芬芳清香，可以讓你猶如置身森林，充滿清新活力的能量。

〔材　質〕

　　屬於大型喬木，是溫帶主要造林的樹種，也是臺灣固有的樹種，大概分佈在中、低海拔之間，因木材呈現黃褐色，所以一般又稱為黃肉仔。

　　臺灣梢楠是製作念珠最佳的材質，因為它具有芳香氣味，所散發的芬多精具有淨化空氣的功效，是一種具高經濟價值的樹種。

　　當然，也因其質地渾厚，光澤感佳，所以除了作為念珠之外，還大量使用在各種傢俱或雕刻的選材上，芬芳清香的味道，許多場合也拿來做為淨香使用，更是製作線香時不可缺乏的材質。

〔如何保養〕

　　經常持誦，可讓念珠表面自然吸收人體油脂，顯得特別光亮，除此之外，避免浸泡到水，也是最基本的保養常識。

〔使用功效〕

　　梢楠富含純天然的香氣，可藉由梢楠香氣的釋放，讓緊張的情緒得到舒緩，更能讓人感到心曠神怡，通體舒暢。

▌原木類・**松木**

〔能　　量〕在綠色建築正被廣泛推廣之際，符合健康觀念的松木，自然成
　　　　　　為首選材質，以其作為念珠，可讓清新優質的能量發揮正向的效
　　　　　　果。

〔材　　質〕松木可說是在世界分佈最廣、蓄積量最大的樹種之一，質地堅
　　　　　　硬，重量較輕，不論是原始林或是人工林都具有豐富的生態，因為
　　　　　　符合經濟效益，松木也成為優質的材質首選。

〔如何保養〕洗手或洗澡前，最好事先將念珠取下，避免與水接觸，木質
　　　　　　念珠宜在正午十分的烈日下曝曬一至兩小時，達到除濕、殺菌、強
　　　　　　化正向能量。

〔使用功效〕清新氣息的松木，使用之後讓人心情豁然開朗，歸於平靜，
　　　　　　善加持念，有助於心性穩定，處事圓融。

▌原木類・**香柏**

〔能　　量〕香柏是廣受歡迎的裝飾用樹，因其抗腐性而廣被種植，除了製
　　　　　　成念珠使用外，經常有地方上的信眾，會將其枝葉製作成為薰香使
　　　　　　用。

〔材　　質〕原產於喜馬拉雅山，主要產於四川以及青藏地區，又稱雪松、
　　　　　　青山、與伯香，適合生長在攝氏五度至零下五度四千公尺的高山，
　　　　　　因為凝聚天地強大的能量，香柏有一股清涼的香氣，因此成為藏香
　　　　　　最主要的底香材料。

〔如何保養〕避免直接用水擦拭，才能常保香氣，經過一段時間使用，會
　　　　　　自然散發柔和細膩的光彩。

〔使用功效〕經常持念，有助於保持氣定神清，縈繞滿室香氣，有調節身
　　　　　　心平衡的功能。

▌原木類·六道木

〔能　量〕表面帶有六條紋路，據說是代表著六道輪迴，又有一說，六條白線代表文殊菩薩的六把智慧劍，可斬斷眾生的煩惱，可說意義非凡！

〔材　質〕六道木又稱為降龍木，因為枝幹天然生成六道條紋而得名，代表六道輪迴，相傳六道白色條紋代表文殊菩薩的六把智慧劍，可以斬斷眾生的煩惱，因為文殊菩薩慈悲體念眾生蒙受六道輪迴之苦，因此將其佛力灌注六道木裡，希望眾生藉此木修持正果，脫離輪迴，因此有「借六道，超六道」的典故。在康藏地區，六道木經常被拿來當作念珠或法器的材質。

〔如何保養〕木質念珠宜在正午十分的烈日下曝曬一至兩小時，達到除濕、殺菌，平日保養避免接觸水即可。

〔使用功效〕每顆珠上都有六道天然形成的紋絡，經常配戴具有去除邪惡、保平安、得加持力，亦可做為鎮宅之用。

▌原木類·樺木

〔能　量〕具有內斂的香氣，手感滑潤細膩，光澤度佳，經常持誦可增加色澤及能量。

〔材　質〕樺木屬於質地較硬的樹種，紋路與橡木十分接近，樺木具有能承受高撞擊的特性，適合製成念珠之用。

〔如何保養〕木質細膩、堅硬、木質富含油脂，經常以棉布擦拭，保持乾燥即可。

〔使用功效〕隨身配戴、持誦，可消除負面能量，避免邪氣，保佑平安。

草本植物類

草本植物類・艾草

〔材　質〕艾草是藥用植物，是端午節懸掛在門上的避邪植物。據《本草綱目》記載，以艾草薰灸，可以治療風濕、舒緩疼痛的症狀。

〔能　量〕艾草具有特殊香氣，以艾草製作出來的念珠，具有驅蟲效果，經常持念能使身心得到淨化、通竅的作用。

〔如何保養〕經常持誦，就是最好的保養，此外要避免接觸到水氣，以免滋生黴菌。

〔使用功效〕經常持念，可達到頭腦清晰、聰耳明目、增強記憶力的功用。

草本植物類・靈草

〔材　質〕靈草又名「返魂草」，是一種生長在沼澤地的植物，在古代，宮廷御醫都會隨身攜帶，以備皇帝休克時臨急之用，它的氣味可讓人心情舒暢、豁然開朗。

●靈草念珠

〔能　量〕由於靈草所散發的那股奇特的香氣，帶有靈動之力，不僅能驅陰氣，避邪體，亦最能安定心氣，是修持者之法寶。

〔如何保養〕洗手或入浴前記得要將念珠取下，以免接觸到水氣，影響品質。

〔使用功效〕戴上靈草念珠之後，可以不時聞到陣陣香氣，對於經常性頭暈、頭痛、腦神經衰弱者有緩解的效用。

草本植物類・艾草念珠

◎除了人骨之外

動物的骨角也可以成為製作念珠的材料。包括：象牙、牛骨、犀牛角、牛角等。

❖ **牛骨** 以牛骨製作的念珠，多以犛牛骨做為材料，但一般市面上很少見到這樣的材質。

❖ **牛角、象骨、海螺** 除了牛骨之外，也有使用牛角來製成念珠，其次是象骨或海螺等，都是較為奇特的念珠材質。

❖ **象牙** 在佛教的認知，象是屬於吉祥的動物，因此以象牙製成的念珠，自然讓人覺得可以擁有諸佛菩薩的神力。

不論是哪一種材質所做的念珠，都是幫助修行者能一心恭敬持誦的法器，最主要還是誠心念佛，才能得到諸佛菩薩不可思議的加持功德！

🏵 其他材質類

人骨

〔能 量〕據記載，人骨念珠因為有著高僧的加持，因此對於伏魔驅邪，有不可思議的能量。

〔材 質〕屬於密宗特有的法器，為西藏所特有，一般人的骨頭是無法做成念珠的，只有喇嘛的骨頭才能做成念珠。通常用來製成念珠的骨頭，是與修行最有關係的兩個地方，也就是手指骨以及眉心中間的眉輪骨。手指骨平常是用來數念珠、做法事或是打手印的，而眉輪骨則是觀想的出入口，兩者都與修行有絕對的關連性。

〔如何保養〕最好放在開放或較為乾燥的地方，比較不會發霉，每隔一段時間，放在陽光下曝曬一至兩個小時，當然最好的保養就是經常持念，念珠的色澤就會愈來愈光亮。

〔使用功效〕在密宗的儀軌中，人骨念珠有著不可思議的力量，經常持念，可增功德、助長道業、化解晦氣、聚集圓滿吉祥，讓事事充滿如意的力量。

● 人骨念珠

香灰或泥土

在中國的康藏地區較常見以這種材質製成的念珠，當地的寺院會以寺院裡的香灰製成念珠，與信眾結緣，不過這種念珠在臺灣並不多見。

陶瓷

一般說來陶瓷念珠多會畫上佛像、菩薩、羅漢等等，樣式華麗美觀，但陶瓷屬於易碎材質，因此以陶瓷製成的念珠，多作為觀賞之用，較少用於配戴。

金屬

包括金、銀、銅、錫等等。其中金銀兩種材質，在七寶中已經介紹，銅質材料裡，主要以赤銅使用為多，不過以銅為材質製成的念珠，重量上會比木質念珠，或菩提類念珠重得多，選購時必須多加考量。

人工合成材料

一般市面上有許多以人工合成材料製成的念珠，常見為塑膠、玻璃、聚炳化工用品、樹脂、石粉等等，不過站在修行的角度而言，這類材質的原料來源較為複雜，成分也非天然物質，這類材質的念珠最好不要考慮使用。

◎不同法門的修持，會持不同材質的念珠◎

對佛教而言，念珠最大的作用，是用來誦念佛號或持咒等計數之用的法器，有助於提振精進心。

對一般人而言，或許持念哪一種材質的佛珠，並沒有太多顧忌或特別的要求，但對於特別修持的人來說，對於念珠材質的要求會因為所修持的法門不同而有所差異。

其中以密宗系統為最，依照其修持法的不同，各有專用的念珠，以符合其教義經典的規範。《瑜珈念珠經》裡提到：在中央佛部使用菩提子珠，東方金剛部使用金剛子珠，南方寶部使用金、銀等寶珠，西方蓮華部則用蓮華子珠，北方羯摩部則用各種和合珠。

歸納密宗經常使用的念珠規範如下：

❖ **修懷愛法者**　善於攝受眾生，增進人際關係為其所求，主要修法的方位為西方，適用的念珠為紅色系為主。
⊙珊瑚、紫水晶、紫檀類念珠。

❖ **修誅除法者**　以消除一切煩惱為其所求，主要修法的方位為北方，適用的念珠為黑色系為主。
⊙黑曜石、老藥師珠、人骨念珠等。

❖ **修消災法者**　以平息災難與厄運為其所求，主要修法的方位為東方，適用的念珠為白色系為主。
⊙硨磲、白水晶念珠等。

❖ **修增益法者**　以增加財富與增長福慧為其所求，主要修法的方位為南方，適用的念珠為黃色系為主。
⊙琥珀、蜜蠟、黃水晶念珠等。

❖ **修一切法者**　宜用鳳眼菩提念珠；修觀音法者，宜用菩提子或水晶材質念珠；修護法者，則用金剛子念珠等。

◎密法中的四種成就法◎

是指息災法、增益法、敬愛法、降伏法，在《七俱胝佛母所說準提陀羅尼經》中，記載了準提菩薩的息災、增益、敬愛、調伏四種法。修學準提菩薩的四種成就法，能夠成就各種祈願。

❖ **息災法** 息災法又稱為寂災法，意譯為「扇底迦」。滅息自身及他人種種病難惡事的修法。因為災厄障礙的形成大都來自我們本身的身體、語言、心意三業所造成。其中當然也有與他人共成者，也有個人特殊的惡業。因此消除災障的根源，災障就會自然消滅。息災法，就是以準提菩薩的三密加持力，及行者的懺悔力，來消除災難、障害、煩惱及罪障的修法。

修持準提菩薩的息災法，可以祈求滅除罪業、轉移障礙、除去災害、鬼魅等疾病。避免囚禁監牢枷鎖、流行疾疫及種種困難。水災、乾旱等天災，蟲害農損種種障難可以除滅，讓我們於煩惱中解脫。

❖ **增益法** 增益法，意譯為：布瑟置迦，乃為增益自身及他人的壽命、福德、智慧的法門。若我們自身的智慧難以增長、功德難以圓滿，是因為自己福德不具足，因此修習此法以得到準提菩薩的福智圓滿的加持，幫助我們增進福德智慧。因此想要祈求延長壽命、聰明智慧、官祿榮位、收成豐饒、財富滾滾，聞持記憶不會遺忘，要求得智慧、福德二種圓滿，迅速成就無上菩提，可以修持準提菩薩的增益法。

❖ **敬愛法** 敬愛法，音譯為「伐施迦羅怒」。修持敬愛法能為自身及他人得到佛菩薩加被或得致眾人愛護。修行者現今修行解脫為業，以菩薩法重，專致一心於道業上。但因往昔未結善緣，致使修行福德資糧難聚、佛法難弘，修持此法以得人親睦及敬愛而成就菩薩大行。

敬愛法可分為折伏悖逆自己，令其隨順的「信伏敬愛」、令世間夫婦互相敬愛的「和合的敬愛」以及鉤召不隨順己心者，令其生起敬愛的「鉤召敬愛」，乃至無明眾生歸命本覺佛果的「悉地敬愛」。在《四曼義口訣》中說：「我身、心、理、智、煩惱、菩提，各別鬥諍。解境即心、理即智，煩惱即菩提，色即心，心即色等圓融、無礙義時。無彼此鬥諍。皆和通，是敬愛義也。」

❖ **降伏法** 降伏法又作調伏法，乃為調伏自身和他人一切煩惱業，及其怨敵惡人等，所修之法。修行者因自身煩惱業障的緣故，或因外魔怨敵所擾故。所行菩薩道業艱苦難成，所以修持此調伏法，來積極化解怨敵等災難、除滅自他煩惱的修法。修習此法應心境保持大悲心，斷除煩惱妄執。特別記住修持降伏法時要注意：如果以瞋恨心修習此法，則與佛法不相應，使自身造三惡，反墮三塗苦。

【第二篇】

❖

念珠的使用

第1章　念佛法門

說到念佛，對許多人來說，並不陌生，但到底如何念佛？為何要念佛？念佛有什麼意義？如何藉由念珠的使用進入念佛法門？相信，是許多人想要瞭解的部分。

 ## 何謂念佛法門

念佛法門最早出現在《阿含經》的記載中，其念佛方法就是要憶念佛陀，透過觀想，佛陀的容顏，唱誦佛陀名號，並做為修持的方法，這樣的念佛修行法門，能得成就大果報。

所謂的念佛，是要學習佛陀的智能及慈悲，學習佛陀發心度眾生，從信、願、行到擁有慈悲之心、如海智慧，完全具足這樣的念佛思維，即成為菩薩所必須共學，不過因為每一個人的根器不同，所發展出來的念佛方式，也有著不同的風貌。

▌念佛的意義

其實念佛並沒有特定是指哪一尊佛，因為無論念哪一尊佛，都屬於念佛法門，現今我們所謂的念佛，大多指的是阿彌陀佛，根據記載，大勢至菩薩言：「念佛三昧（念佛念到一心不亂的境界），最為第一。」而大慈菩薩也說：「十方三世佛，阿彌陀第一。」因此，我們就以阿彌陀佛的念佛法門，來說明念佛的意涵。

念佛，在根本的身、語、意上，都要完全憶念阿彌陀佛，換言之，就是身要隨時隨地保持柔軟、心要完全憶念阿彌陀佛、語也要隨時隨地稱誦阿彌陀佛，達到身、語、意皆清淨的境界。

當然，除了清淨之外，還要專心一致，所謂的「念」，指的是能念的心，「佛」指的是所念的境，念佛最怕的就是有口無心，嘴上念著佛，心卻早已散亂，因此要具備一心不亂、專注的境界，透過觀想，從而能將虛妄分別心的心驅逐，不再有妄想，不再起分別，無論任何境界都不會受干擾、動搖，最終就能達到一心不亂的境界。

除了念之外，還要對所念的境有所體悟，所謂的境是不能也無法脫離我們的心，因此所謂的境界，就是一句佛號，如「南無阿彌陀佛」、「南無觀世音菩薩」等等。但到底「南無」是什麼意思呢？其實這兩個字是表示尊重、皈依的意思，當我們誦持佛號時，也就是希望能依靠阿彌陀佛的佛力加被，往生淨土、見佛聞法。

✿ 念珠使用之前的加持法

購買念珠之後，第一個步驟：就是先將念珠淨化，主要作用是為了去除附著在念珠上污穢之物，使其成為具有善緣的法器。

▌顯教的方式

一般會以持誦大悲咒四十九遍，並以誦念過的大悲水進行灑淨，然後再開始使用念珠進行持誦修行。

沒有持誦大悲咒的人，可以請自己的授業師父，或是寺廟裡的住持師父對念珠進行加持、除淨，讓念珠開啟保護作用。

若對於配戴念珠並沒有特殊的宗教信仰，而純粹只是祈求心安、保平安的人而言，則可以到一般的寺廟，在香爐上繞三圈過香火，誠心祈求諸佛眾神加持即可。

▍密宗的方式

通常密宗的方式是在使用念珠前，會將念珠放在手中，並且持誦加持念珠咒七遍：

嗡　嚕西惹嘛尼　札爾瓦打　雅　吽

唸完七遍之後，將念珠放在雙手掌心搓熱，最後在念珠上吹一口氣，如此即完成加持的動作，不但可保平安避開凶險，藉此念珠所稱誦的佛號及咒語，也能變成千萬遍的功德。

⌘ 佛 教 小 常 識 ⌘

◎ 佛教持珠的拿法

1	2
3	4

1. 顯教單手持珠
2. 顯教雙手持珠
3. 密宗單手持珠
4. 密宗雙手持珠

善用念珠進入念佛法門

我們念佛求生淨土，就是希望到西方極樂淨土，究竟要去那裡做什麼呢？無非就是要看到佛陀、聽聞佛法，以及證得無生忍（把心安住在不生、不滅之上，不再動搖）。

那麼，到底要怎麼念，心才不會散亂？

在《十六觀經》文中曾提到開顯稱名念佛的大方便法門。

所謂的稱名念佛，不管是什麼樣的根器、什麼樣的身份，都可以念，乃至於不管什麼地方都可以持念，無論是在工作、走路，甚至休息時，任何想誦念的時間都可以念，尤其藉助念珠的功能，更可見其功效。

●藍珀念珠

一句「南無阿彌陀佛」就可以掐捻一顆佛珠，時時刻刻都可以口誦心念，搭配念珠的計數，幫助我們達到一心不亂的境界，即使會有短暫的散亂，也可藉由念珠的轉動，馬上攝心收念。

我們應用能念的心，深深瞭解所念的境，在心境兩方面，一定要能收攝散亂心，專注於阿彌陀佛的一境，將一心入於一境，是最重要的工作。

▍念珠的持用

持用念珠，因各宗派而有所不同，不過因為記載上並沒有嚴格的規定，一般持念珠誦佛號、經文或咒語的方式沒有太大差別。

▌ 持珠念佛的正確動作

一、首先，將念珠展開，以右手四指腹托住。

二、由母珠旁的第一珠開始。

　　不論是念佛號或咒語，每念一遍，就撥捻一顆念珠，如果是有記子的長串念珠，則每捻珠念佛滿一串，就撥動一顆記子。

三、以拇指下掐。

　　捻掐時，是以拇指下掐，一句佛號（或是一聲咒語，或是經文唸完一遍）一珠，誦念撥珠至母珠時，停頓，不跳過母珠，直接回轉，將撥至母珠前一顆珠子當作第一顆繼續念誦，這是根據《金剛頂瑜伽念珠經》記載，母珠表示無量壽或是修行圓滿的佛果，因此持珠誦念時遇到母珠時都是轉方向繼續念，不越過母珠。

　　念佛誦經貴在修持內心，所以拿在左手或是右手？要多少顆數？要如何誦念撥珠？其實不必拘泥形式，方便自在，不被外物所礙即可，才不會模糊了持珠誦念的真意。

❖ 持名念佛

　　搭配念珠的掐捻，高聲唱念佛號。在《業報差別經》明確指出，高聲念佛可得以下功

德，包括能除睡障、天魔驚怖、聲遍十方、三塗息苦、外聲不入、心不散亂、勇猛精進、諸佛歡喜、三昧現前、往生淨土。

❖ 低聲念佛

當有時空上的限制時，可以手持念珠，以低聲念誦的方式，做到口念清楚、心意懇切，念念不間斷，達到一心不亂的境界。

❖ 默念

如果外在環境不允許出任何聲音來念佛，那麼只好持誦時搭配念珠以默念的方式進行，其實只要心中有佛，那麼默念佛號時句句分明，仍可得念佛三昧。

❖ 定時念

如果能無時無刻的捻珠念佛，那是最佳狀況，不過現代人生活忙碌，要全心全意投入念佛，實屬不易。儘管如此，要養成一心念佛的功力，還是得安排自己早、晚定時念佛，以佛號是念，心不外馳，並且養成習慣，成為每日必需完成的功課，念念與佛相應。

❖ 調息念

呼吸間都能稱念一句佛號，再搭配念珠的攝心，即可達到念佛無間的地步，久而久之，就能達到三業清淨，得念佛三昧。

當然，不論用哪一種方式念佛，為了要提起正念，一心稱念佛號，可以手執念珠，口稱聖號，念一句佛，手輕捻過一顆珠子，借珠攝心，讓妄念無處可侵。

▌ 配戴念珠的行儀

　　許多人會將念珠當作修行的法器，因此，只要一配戴上，總能帶給人心靈安定的力量，但儘管如此，還是有許多有情眾生會擔心，配戴是否如法、得宜？為了避免這些困擾，只要掌握好下列的大原則即可。

❖ 使用的場所

　　如廁之前，或沐浴前，宜事先取下，放在門外，倘若沒有適當的位置，亦可將念珠取下後，收到皮包或衣服口袋裡。

❖ 念誦時間

　　念珠可以一天二十四小時配戴，沒有特別的規定。若是在如廁時，可以在心中默念佛號即可。

❖ 避免突兀感

　　有些在家眾，常常看到法師們會配戴長串念珠，看起來非常莊嚴，因此也會想依樣畫葫蘆，把一長串的念珠，直接掛在脖子上，但是如此看來會顯得非常突兀，因此不妨將念珠繞在手腕上，取用也較為方便。

第*2*章　常念的佛號和咒語

對於許多人來說，持咒也許是一件神祕的事，不過持咒其實是佛教八萬四千法門中，其中的一個法門而已，就像淨土宗念佛一般，持咒以特定的語句，經過反覆持誦，咒的感應力，能讓持誦者達到另一種境界，藉此產生力量，而其中固然有代表諸佛菩薩的加持能量，不過，重要的還是在於持誦者能將心念集中，因此有些人持咒誦念愈久，就會有愈強的感應，有些人能專心一致，有些人則容易達到禪定的效果。

無論如何，我們修行應是放下六根的感受，禪定之界自然會展現，給予我們真正的智慧。

●釋迦牟尼佛

為何要持咒念佛

▌咒是什麼？

到底什麼是咒？佛教咒語原為梵文，咒的本意為「祝」，也就是用來向諸佛菩薩禱告，趨吉避凶、祈求利益。

所誦念的密語，是不能以言語來說明，這是一種具有特殊能量的祕密語言，因此咒又稱為神咒、禁咒、密咒、真言、陀羅尼等等，都是「不能說的密語」的意思。

根據《阿含經》的記載，咒術起源於印度，

⌘ 佛教小辭典 ⌘

◎何謂六根？

簡單說就是：眼、耳、鼻、舌、身、意，也就是生理學上的神經官能。我們的眼有視覺神經，耳有聽覺神經，鼻有嗅覺神經，舌有味覺神經，身有感觸神經，而意有腦神經等等，這些都是我們的心與物之間媒介的根本，所以稱為六根。

後來也被佛教所採用，在楞伽、大集、般若、法華、寶積等經典，裡面也都清楚記載咒文的陀羅尼，而除了顯教外，密教更加重視密咒，認為誦讀觀想後，就能即身成佛。

▌持咒的功德

持誦密咒的功德，一切諸佛菩薩的密咒，其實都具有息增懷誅等諸功德，差別在於各咒的本尊諸佛菩薩度生願力的大小，而各有偏重的方便力用。猶如，持咒與讀經、念佛都是同一個道理，只要心念集中、持誦愈久，功效愈強。不同的佛號、咒語其功效都不同，例如我們常常聽到的「大悲咒」，就是能讓我們身心一切業障完全清除，得到清淨，只要誠心持咒，諸佛菩薩就會與我們互相交應，因此其願力可說非常大。

以梵文的咒來說，具有「總持」的意思，也就是以一咒的咒法，統攝一切法，而不論哪一種咒語，只要能如法，並且持之以恆，就會具有很大的功德，這是因為持咒時能兼備持戒及修定，因此智慧增長，產生了慈悲心，能去除我執、解脫我見、消業障、法身成就，如此一來，就必能得到諸佛菩薩的本誓願力加被。

其實不論是何種咒，若能見其咒字、聽其聲音，皆能得一切諸佛加持、善神擁護，所有業障盡除。

當然，持咒一定得靠自己，從萬念轉成一念，再從這一念到無念，都是要專心觀照自身心而修行，不論持哪一種咒語，都要依其本尊所示儀軌，實修之後，得到相應而獲致加持，不過，這都是要持念上百萬遍，才會發生作用，而一旦修持有所成就，其本身的智慧也隨之增長。

⌘ 佛 教 小 辭 典 ⌘

◎息增懷誅的意義？

❖ **息**　息災法者，亦為除惡業重罪煩惱等障。

❖ **增**　增益法者，是為求遷加官官祿長壽命、求福德聰明眷屬勢力等等。

❖ **懷**　敬愛法者，求一切聖賢加護天龍八部歡喜。

❖ **誅**　降伏法者，為降伏一切惡毒鬼神，調伏所有惡人。

◎何謂我執？

「我執」，亦為執著堅持一個真實存在的我，也正因為迷惑於五蘊（色、受、想、行、識），而認為我是可以永恆的存在 。我執又分為俱生與分別二種，而有情眾生其本身具就具有先天的我執，也就是俱生我執，與生俱來的我執，以及由於邪教等而生起的後天我執，又名分別我執。

◎何謂我見？

是指依自己的思慮、分別而立的見解，執著於自我的妄見。唯識宗以我見為四根本煩惱之一。而根據《大乘起信論》記載，我見又可分為人、法二種。

❖ **人我見**　也就是執著在色、受、想、行、識，以五蘊假合的身心為實我。

❖ **法我見**　以為一切法皆是實在體性。

▍咒要怎麼持？

真正的咒語持誦者，對於所持的咒義，最好能夠了解其義，咒語中每一梵字，其實都有特殊的意義，在持誦時，若能將身、口、意與諸佛菩薩相應，就能得到不可思議的加持力。

▍什麼是真言、陀羅尼？

在各經典之中，除了咒之外，也有真言、陀羅尼、明咒、神咒等用詞，不論真言、陀羅尼、明咒或神咒，雖然名稱互異，但是所指謂的對象則完全相同，只不過各名詞的重點有些差異而已。

❖ 真言

所謂的真言，其實就是咒，也就是毫無虛假的真實語言，在《釋摩訶衍論》裡，將其解釋為諸法實相的秘號名字，也就是大日如來三密中的語密。

由於如來的言語真實，絕不會有半點虛妄，所以稱為真言，也代表諸佛菩薩的深奧教法。真言與陀羅尼之間，該如何區別？一般來說，只有幾則短句者，稱為「真言」，若是句子較長者，就稱為「陀羅尼」。

❖ 陀羅尼

意指總持、能持。陀羅尼能總持無量佛法，能持各種善法，能去除各種惡法，讓持誦者能藉以消除障礙，得到無邊利益。

陀羅尼不論字數多寡，每一字都能總攝無量的教法義理。陀羅尼原有四種，咒陀羅尼是屬於其中一種，而有關菩薩所得的陀羅尼，在諸經論理多有闡述。

就不同經論所提出陀羅尼的解釋，概述如下：

《大智度論》	《瑜伽師地論》
❖ **聞持陀羅尼**　得陀羅尼者耳聞的事不忘。	❖ **法陀羅尼**　能記憶經句不忘。
❖ **分別知陀羅尼**　能區別一切邪正、好惡的能。	❖ **義陀羅尼**　能理解經義不忘。
❖ **入音聲陀羅尼**　聞一切言語音聲，歡喜而不鎮。	❖ **咒陀羅尼**　依禪定力起咒術，能消除眾生之災厄。
❖ **入門陀羅尼**　聽聞阿羅波遮那等四十二字門，即可體達諸法實相，因此以悉曇四十二字門總攝一切言語。	❖ **忍陀羅尼**　通達諸法離言之實相，了知其本性，忍法性而不失。

❖ 明咒

　　持誦明咒可得自體清淨、圓滿，誠心持誦能消除無明煩惱，讓身心得到圓明及清淨自在，達到消除災患的功效。

▌持誦咒語的規定次數

　　持誦咒語的次數，有一說是持誦次數以單數較為如法，如同我們供奉的諸佛菩薩，或所插的香等等，也多以單數居多。

　　然則，一般而言沒有硬性規定持念咒語的次數，咒語的長度不一，長如早課時必定持誦的「楞嚴咒」，對忙碌的現代人來說持誦一遍，可能就要耗費很長的時間，持太長咒，可能無法持久；短則咒語例如六字大明咒，可能十分鐘專注持誦，即可誦念上百千遍，因此無法以次數來衡量。

　　因此，大家要建立一個觀念，不論長咒或短咒，其持誦效果相似，最重要的是持誦時的心念，如果能一心不亂，身口意誠心持誦，就會有大功德，若持誦時沒有基本功夫、有口無心，或生散漫之心，念到一半又起雜亂心，這樣就算次數再多，也不會產生持誦的力量。

●金剛界大日如來

❖ 如何選擇所要持誦的咒語

持誦咒語，特別要視個人的根器而定，不同的咒語，其功能也有個別差異，透過諸佛菩薩的願力不一，就會有不同的功效，例如想要去病消災，持誦消災延壽藥師佛，若是想要開智慧、修忍辱，即可持誦心經、金剛咒或是大悲咒等等。

❖ 持誦咒語時需要注意的地方

持誦經咒的方法，最好是每日清晨漱洗後，焚香虔誠誦念。（若尚未進食暈腥食物更好，較為清淨）。如果在家裡有供奉神佛者，可在神佛前焚香跪念，也可選擇讓自己心靜之處持念。持誦念經者暫時不要吃牛肉狗肉比較好，因為經文曾記載：「食牛犬肉，血口誦經，罪孽深重」。

持誦者可以先選擇一、二種佛號或經咒持念，不宜貪多。持念之時心靜氣和，雙手合掌，垂目專心，也不宜貪快，可以小聲念或默念，將自己所念的佛號或經咒聽回心中，做到「出口、入耳、印心」。如此一來，咒力印心，速獲感應。誦念完畢之後，心中充滿祥和之氣，情緒平和愉悅。

另外，慎選場合。有些場合並不適合持咒，例如在浴廁時，或是夫妻同房時則不可持咒或念佛。每次誦經持咒後，謹記迴向。每次在誦經持咒後，可以做總迴向，把持咒功德迴向給冤親債主，佈施出去。

❖ 迴向文的參考

・內容詳盡版：

弟子○○○願以此持念○○○〈哪一句咒語或哪一句佛號甚至哪一部經文〉功德，供養十方三世一切諸佛，再以此功德迴向給十方三世一切眾生，願眾生

　　皆能離苦得樂、往生西方極樂淨土，再以此功德迴向
給冤親債主，願他們能夠離苦得樂，往生西方極樂淨
土，再以此功德迴向給自己，願自己得如意圓滿。

- 內容簡單版：

　　願以此功德，莊嚴佛淨土；上報四重恩，下濟三
途苦，若有見聞者，悉發菩提心，盡此一報身，同生
極樂國。

❖ 持誦咒語的好處

- 簡單就能背誦：

　　咒語多為音譯，雖然難解其中涵義，但因長則十數
字、短則七、八字，容易朗朗上口。

- 方便持誦：

　　可以利用零散時間持念，依個人方便隨時持誦，不
受時空限制，可以充分利用空檔持誦，讓修行融於生活
之中。

- 持咒可以讓人達到心靜心定的狀態：

　　反覆持念咒語，可以讓你身心迅速達到寧靜、祥和
的舒適狀態。對於壓力的釋放與心靈的沈澱有其助益。

- 發生急難與意外時容易記憶：

　　人在危急狀況往往是本能反應，持念咒語能讓人臨
機應用，有助於快速身心安定，急難生智。

- 發生害怕恐懼事宜有所依附：

　　當發生害怕恐懼事宜時，持念咒語，心有所依，諸
佛菩薩保佑，更能臨危不亂、化險為夷。

常念的佛號和咒語

　　佛教的佛號及咒語雖然數量眾多，以目前佛教的信眾來說，每天早晚課誦時會誦持的佛號，以「南無本師釋迦牟尼佛」、「南無阿彌陀佛」、「南無大慈大悲觀世音菩薩」以及「藥師佛」、「地藏王菩薩」居多。

　　而所持的咒語，以「大佛頂首楞嚴神咒」、「大悲神咒」、「十小咒」、「藥師咒」等等十數個常用咒語。

　　至於禪宗教徒所持誦的咒語並不多，根據《百丈清規》的記載來看，禪宗最常用的咒語是「大佛頂首楞嚴神咒」與「大悲咒」，此外，還會持誦「消災咒」、「大雲咒」及「往生咒」。

　　密宗，又名藏傳佛教，是從西藏發展出來，為大乘佛教當中很特殊的一支。密宗崇敬菩薩，特別是觀世音菩薩與「眾佛之母」度母，也很重視僧侶身為學者與導師的角色。喇嘛或修行者在誦念真言，真言是單一或一連串的字，在禪修時反覆誦念有助於集中精神，當修行者將注意力集中於自己的聲音起伏與誦念的字義之時，就能擺脫所有雜念，達到平靜與純粹正念的境界。

　　密宗念誦咒語修持的方法，經常會利用一種特別的音符，進入極神妙之領域，啟發神通與般若智慧，例如嗡（ㄨㄥ
ˋ）、阿（ㄚ）、吽（ㄏㄨㄥˋ）等，是修持密宗法教中，非常重要的咒音。

　　持誦佛號與咒語的目的在於化解前世今生所造下的因果循環，藉其經咒佛號的法力將惡運逐漸轉化為順境，以增得福慧，因此持誦的時候一定要秉持恭敬之心，排除雜念，訓練自己達到心咒合一的境界，方能體會經咒佛號的力量。

【常念的佛號】

⊙ 南無阿彌陀佛

❖ **功用**：阿彌陀佛具足圓滿，因此常放光明，一切惡鬼、夜叉、羅剎等等都不能傷害。多持誦阿彌陀佛聖號可往生西方極樂世界，到佛陀身邊，隨時聽聞佛法，永遠擺脫輪迴之苦，身體為蓮花化生，壽命也沒有限量，衣食珍寶隨意豐足，與佛一樣。這句佛號，是最常被誦念，也是持珠誦念頻率最高的一句佛號。

所謂「南無」兩個字，代表著歸命，也就是皈依佛的教命，甚至可以把自己的生命，都歸於佛，「彌陀」二字，是限量的意思，阿彌陀佛包括無量光佛與無量壽佛，主要是受到鳩摩羅什所譯的《阿彌陀經》將兩者合寫在經文裡的影響，經文記載：「彼佛何故號阿彌陀？」「彼佛光明無量，照十方國，無所障礙，是故號為阿彌陀。」「又舍力弗！彼佛壽命及其人民無量無邊阿僧祇劫，故名阿彌陀。」

阿彌陀佛在修行期間，曾經發出這樣的宏願，誓願建立極樂世界，以救渡一切念佛名號的眾生，這四十八個大願之中，其中三個大願：

一、「我作佛時，十方眾生，聞我名號，至心信樂。所有善根，心心迴向，願生我國。乃至十念，若不生者，不取正覺。唯除五逆，誹謗正法。」

二、「我作佛時，十方眾生，聞我名號，發菩提心，修諸功德，奉行六波羅密，堅固不退。復以善根迴向，

● 阿彌陀佛

　　願生我國，一心念我，畫夜不斷。臨壽終時，我與諸菩薩眾迎現其前，經須臾間，即生我剎，作阿惟越致菩薩。不得是願，不取正覺。」

三、「我作佛時，十方眾生，聞我名號。繫念我國。發菩提心，堅固不退。植眾德本。至心迴向。欲生極樂，無不遂者。若有宿惡，聞我名字，即自悔過。為道作善。便持經戒。」

　　因於這些誓願，在祂成佛後，任何人只要能具足信、願、行，如法念佛，中途不退轉，就能得到祂的接引，往生西方極樂淨土，直接受其教化。

⊙ 南無觀世音菩薩

❖**功用**：在佛經上說得非常清楚，如果有人受持六十二億恆河沙菩薩的名號，則所得功德無量，如：臨命終時，十方諸佛皆來接引；欲生何等佛土，都能隨願得往生；不墮三惡道、能生諸佛國；得無量三昧辯才；若有諸女人，厭倦女身，欲成男身者，虔誠誦持，即可轉女身為男身，並且對於十惡、五逆等一切惡業重罪悉皆滅盡。

　　誠如《妙法蓮華經觀世音菩薩普門品》中所記載：「佛告無盡意菩薩，善男子，若有無量百千萬億眾生，受諸苦惱，聞是觀世音菩薩，一心稱名，觀世音菩薩即時觀其音聲，皆得解脫。」由此可知，誦念大慈大悲觀世音菩薩的佛號，可淨化一切業障、離苦得樂，成無上道。

　　南無觀世音菩薩也是常被持珠誦念的佛號。觀世音菩薩本來是徹底覺悟的佛陀，但為了普羅眾生，而示現為菩薩，為的

就是時時刻刻利益有情眾生，所以當我們手持念珠，持誦觀世音菩薩聖號時，要時刻觀想觀世音菩薩示現，更應該提醒自己，隨時反省內顧，要見到自己心裡的觀世音，虔誠誦念，就能獲得加持。

⌘ 佛教小辭典 ⌘

◎三惡道

　　在六道之中，**地獄**、**餓鬼**、**畜生**三者稱為三惡道，若生前多造惡業，死後往苦惡處所；相對於三惡道，阿修羅、人間、天上則統稱為三善道。此外，四惡道則指**地獄**、**餓鬼**、**畜生**及**阿修羅**。

◎十惡

　　所謂的十惡，又稱為十黑業道、十不善業道、十惡業道、十不善根本業道，包括：**殺生**、**偷盜**、**邪淫**、**妄語**、**瞋恚**、**兩舌**（離間語、破語）、**惡口**（惡語、惡罵）、**綺語**（雜穢語、散語、無義語）、**貪欲**（貪愛、貪取、慳貪）、**邪見**（愚癡）。

◎五逆

　　五逆又稱為五重罪，五逆是指：**殺害母親**、**殺害父親**、**殺害阿羅漢**、**惡心出佛身血**（又作出佛身血）、**破僧**（又作破和合僧、鬥亂眾僧）等五者，皆屬於罪大惡極者。

● 觀世音菩薩

⊙ 南無地藏王菩薩

❖ 功用：《地藏菩薩本願經》中提及：「若未來世，有善男子、善女人，見地藏形像及聞此經，乃至讀誦、香華、飲食、衣服珍寶布施供養，讚嘆瞻禮，可得二十八種利益，畢竟成佛。」

因著地藏王菩薩億劫度化、鍥而不捨，有著無量的功德，所謂「眾生度盡方證菩提，地獄未空誓不成佛。

由此可知地藏王菩薩以利益眾生為己志，因此常常持誦，可得健康、長壽、富貴，最重要的是可以消業障。

地藏王菩薩的大願，具足了大智、大行、大悲，所以虔誠敬禮，經常稱念南無地藏王菩薩名號，可以得到地藏菩薩的功德加持，獲得感應力，應此更應常常誦持，來減輕業力，自利利他，功德無邊，若能至心誦持，必滿所願，此外，若能於地藏王菩薩前，供養香花，至心頂禮，稱念聖號，即得不可思議的利益。

⌘ 佛教小辭典 ⌘

◎ 業障

所謂的業是行為、意志、行動等等的身心活動，或單由意志所引起的結果。一般而言，業分身、語、意等三業，倘若再與因果關係相結合，由過去行為所延續而來，牽引業果，並形成的力量，也稱為業力。

而一切苦樂之果，皆因業力所致，所以我們常常會聽到「業力不可思議」這樣的說法。由業而感苦的果報，稱為業苦，而由惡業所生的障礙，就稱為業障或是業累。

● 地藏王菩薩

⊙南無消災延壽藥師佛

❖**功用**：在《藥師琉璃光如來功德本願經》第七願中提及：「願我來世得菩提時，若諸有情，眾病逼切，無救無歸，無醫無藥，無親無家，貧窮多苦，我之名號一經其耳，眾病悉除，身心安樂，家屬資具，悉皆豐足，乃至證得無上菩提。」

南無消災延壽藥師佛又稱藥師琉璃光如來、藥師佛，若能經常誦念，能拔除生死之病，滅除眾生身心諸病。

藥師佛又名為大醫王佛，祂曾立下十二大誓願，要拔除眾生的病源，除一切眾生病苦、治無名痼疾，令一切眾生皆能身心安樂，以慈悲之心，體察眾生病難，弘誓救拔解脫一切，遠離國界不安、身心困苦等難境，戮力以法佈施。

因為有著藥師佛這樣的大願，護持正法，教化眾生能佈施真理、智慧，讓人聽聞後能解脫煩惱、給予處於煩惱、迷惘的眾生，一個正確的方向，迅速從苦海中解脫，一躍到自由、快樂的彼岸，所以經常誦持藥師佛的聖號，能消除一切病苦災業，並且消災延壽。

●文殊菩薩

●釋迦牟尼佛

⊙ 南無本師釋迦牟尼佛

❖**功用**：本師釋迦牟尼佛因憐眾生的業垢深重，因此為擦拭其本性，踏上菩提正道，不生退轉之心，能與諸佛的淨土相感應，而持珠誦念其佛號，即可得諸佛菩薩慈悲加護，懾受眾生，令得解脫。

　　南無本師釋迦牟尼佛在無量劫以前早已成佛，對於一切眾生雖然受到十方諸佛加持護念，卻遲遲無法離苦得樂，釋迦牟尼佛不忍眾生歷經長劫之苦，因此發大誓願土，能懾受者，皆能以大罪業之身，得生有佛世界，能遇佛、聞法，種下菩提因，永離六道生死輪迴之苦，達涅盤境界。

⌘ 佛教念珠小常識 ⌘

　　雖然持誦佛號會有所謂與諸佛菩薩的相應問題，但還是將在不同情況下，較適合稱念的佛號做基本歸類，讓大家在持誦時更有概念。

◎遇急難意外或有災厄時，念誦什麼佛號？

　　在《觀世音菩薩普門品》中提及：「爾時，無盡意菩薩即從座起，偏袒右肩，合掌向佛而作是言：『世尊！觀世音菩薩以何因緣，名觀世音？』佛告無盡意菩薩：『善男子！若有無量百千萬億眾生受諸苦惱，聞是觀世音菩薩，一心稱名，觀世音菩薩即時觀其音聲，皆得解脫。若有持是觀世音菩薩名者，設入大火，火不能燒，由是菩薩威神力故；若為大水所漂，稱其名號，即得淺處。若有百千萬億眾生，為求金、銀、琉璃、硨磲、瑪瑙、珊瑚、琥珀、真珠等寶，入於大海，假使黑風吹其船舫，飄墮羅剎鬼國，其中若有乃至一人稱觀世音菩薩名者，是諸人等皆得解脫羅剎之難，以是因緣，名觀世音。』」

　　從這段經文，我們可以瞭解，觀世音菩薩的誓願如此偉大，因此身陷困境時，只要誠心稱誦祂的名號，可得解脫。

【常念的咒語】

以課誦的咒語來說，以大佛頂首楞嚴神咒、大悲咒為多，念咒的功德自然可得不可思議的大功德。至於密宗的咒語，依照密乘的傳統，任何密咒皆須經上師親傳，始可念誦修持，因此若要修持密法、志求無上成就者，就必須先皈依上師、受法灌頂，最後依照上師親傳口訣而修持。

佛教的咒語，並無明顯的顯密之分，例如「南無阿彌陀佛」亦是佛心大密咒，藏密或佛密的分別是要以「四依」判別。四依指的是：「依法學不依人學、依義學不依語學、依智學不依識學、依了義學不依不了義學」。

◎遇有病痛時，念誦什麼佛號？

遇有病痛時，最難的就是提起念佛的心，而藥師佛的十二大誓願，要拔除眾生的病源，除一切眾生病苦，這時如能持誦藥師佛的名號，就能消災延壽，消除一切病苦災業、讓身心漸趨安樂，救拔解脫身心的困苦難境。

◎遇不淨邪惡之物時，念誦什麼佛號？

在《觀世音菩薩普門品》中說到：「若三千大千國土，滿中夜叉羅剎，欲來惱人，聞其稱觀世音菩薩名者，是諸惡鬼尚不能以惡眼視之，況復加害。」因此如遇到不淨邪惡之物時，可稱念觀世音菩薩聖號。

不過也有人會持誦「南無阿彌陀佛」或是六字大明咒等等，只要能夠一心誦念，就能得到相應、化險為夷。

◎遇喜樂感恩之時，念誦什麼佛號？

通常大家都會稱誦「南無阿彌陀佛」，或是直接說阿彌陀佛。

◎遇人往生或偶見往生動物或喪事時，念誦什麼佛號？

此時，可以一心稱誦阿彌陀佛。即使素昧平生，也會希望往生者能得到阿彌陀佛的接引，離苦得樂，往生西方極樂淨土，直接受其教化。

　　以下要介紹的咒語，通常會以念珠來計算次數，也就是持珠時，常常會誦念到的咒語，以下就各個咒語的文句及持咒功德一一介紹。

⊙ 六字大明咒

　　唵　嘛呢叭彌吽

❖ **持咒功德**：六字大明咒，又稱為六字真言，六字大明陀羅尼佛、觀世音心咒等等，在《佛說大乘莊嚴寶王經》裡提及，此咒是諸佛菩薩的智悲，其中包含了佛法八萬四千法門的精髓，因此在各種密咒中，可說非常殊勝，代表一切諸菩薩的慈悲及加持，尤其是大悲觀世音菩薩的加持。持誦此咒可得觀世音菩薩的願力及加持，可減除六道輪迴眾生的痛苦，但以修行的角度來說，其實是對一切生命給予慈悲心的修持。

　　六字大明咒可轉化我們的身、口、意，持誦時可將貪、嗔、癡、憂、嫉、愛，徹底轉化，讓智慧在覺悟中展現，佈施、持戒、忍辱、精進、禪定、般若等六度得圓滿。觀世音是佛的報身，因此持誦此咒，可壽命增長，福德增加，財富充盈。

⊙ 藥師灌頂真言

　　南無薄伽伐帝　鞞殺社窶嚕薜琉璃　缽喇婆　喝囉闍也　怛他揭多也阿囉喝帝　三藐三勃陀耶　怛姪他　唵　鞞剎逝鞞剎逝三沒揭帝娑訶

❖ **持咒功德**：本咒出自《藥師琉璃光如來本願功德經》上，
持誦此咒可增加念咒者一切智慧，佛光會自然灌到此人的
頂門裡，因此具有大威德，只要虔誠誦念，可去除痛苦、
受諸安樂，可消災又可延壽。

⊙ 觀音靈感真言

唵　嘛呢叭咪吽　麻葛倪牙納　積都特巴達　積特
些納　微達哩葛　薩而幹而塔　卜哩悉塔葛　納補
囉納　納卜哩丟特班納　哪麻盧吉　說囉耶梭哈

❖ **持咒功德**：開頭的六個字，稱為「六字大明咒」，也是觀
音菩薩心咒，誓願宏深，隨感赴應，尋聲救苦。不過有關
觀世音菩薩的咒眾多，因此隨緣所誦，惟持之以恆、虔誠
誦念，必生感應。凡持佛光普照，事事順利，吉祥如意，
幸福平安。

⊙ 如意寶輪王陀羅尼

南無佛陀耶　南無達摩耶　南無僧伽耶　南無觀自
在菩薩摩訶薩　具大悲心者怛姪他　唵　斫羯囉伐
底　震多末尼　摩訶缽蹬迷嚕嚕嚕嚕底瑟吒　爍囉
阿羯利　莎夜吽　莎訶唵　缽蹋摩　震多末尼爍囉
吽　唵　跋喇陀　跋亶迷吽

❖ **持咒功德**：持誦此咒，猶如一棵如意樹上，長滿了珠寶，
能得佛的智慧妙法，並且能明白佛法道理，生生之處得宿

命智，把煩惱轉成菩提，一切諸處無有障礙，倘若能一心
持念本咒，心不退轉，則臨終時能親見阿彌陀佛以及觀世
音菩薩率眾迎接，往生西方極樂世界。

⌘ 佛 教 小 辭 典 ⌘

◎何謂菩提？

所謂的菩提為覺、智、知、道。

就廣義而言，菩提是斷絕世間煩惱而成就涅槃的智慧，亦即佛、緣
覺、聲聞各於其果所得到的覺智。

⊙ 消災吉祥神咒

南無三滿哆母馱喃　阿跋囉底賀多舍　娑曩喃　怛
姪他　唵　佉四　佉四　吽吽入縛囉入縛囉　跋囉
入縛囉　跋囉入縛囉　底瑟宅　底瑟宅　瑟致哩
瑟致哩　娑癹吒　娑癹吒扇底迦　室哩　曳娑縛訶

❖ **持咒功德：**《佛說熾盛光大威德消災吉祥陀羅尼經》
經中提及：「若誦此咒一〇八遍，即可去除災難、吉祥
隨之而來」，尤其可得佛陀不生不滅、不受一切苦、
斷盡一切煩惱心、得大自在等四種真實功德，對於消
除天象之災，尤其於國於家、國界不安，災難
競起者、宿世怨家、諸惡橫事及災難者皆起
作用，由此可知其用途及功效有多大。

⊙ 功德寶山咒

南無佛陀耶　南無達摩耶　南無僧伽耶　唵　悉帝
護嚕嚕　悉都嚕　只利波　吉利波　悉達哩　布嚕
哩　娑縛訶

❖ **持咒功德**：在《圓因往生集》裡提到，若有人念誦此咒一
遍，就有如禮拜《大佛名經》四萬五千四百遍，所造眾
業，縱越世界微塵數，原應墮阿鼻地獄者，但因虔誠持誦
此咒，因此臨終還能前往西方，此咒被稱為功德寶山咒。

⊙ 準提神咒

南無　颯哆喃　三藐三勃陀　俱胝南　怛姪他　唵
折隸　主隸　準提　娑婆訶

❖ **持咒功德**：佛在祇園會上，因憐憫眾生，容易墮入三途之
苦，因此只要誠心持誦此咒，就能使眾生福壽無量，在現
世即可得無量福德，而凡有所求，無不稱遂。

⌘ 佛教小辭典 ⌘

◎ **關於準提神咒**：

準提神咒代表準提菩薩的大悲心意。一般常念的為準提咒之短咒如下：

唵　折隸　主隸　準提　娑婆訶

《七俱胝佛母所說準提陀羅尼經》中記載。佛陀因湣念未來薄福惡
業眾生的緣故。入准提三摩地。而說此過去七俱胝佛所說陀羅尼。根據
《佛說大乘莊嚴寶王經》記載。七十七俱胝諸佛如來。在六字大明咒的
因緣之下同時示現，共同宣說準提神咒。

「南無」是歸命的意思。

「颯哆喃 三藐三勃陀 俱胝南」是七千萬正等覺。

「怛姪他」「即說咒曰」。這三句常常出現在一般的咒語之中，「怛姪他」之前的咒語是歸敬文，其後才是咒語的中心內容。

「唵」是咒的起音。唵字是皈命。也可以說是咒的起始。

「折隸」是覺動。「主隸」是生起。

「準提」是清淨。「娑婆訶」是成就的意思。

因此準提神咒的意思就是大覺之動，生起清淨的成就。依此咒意看來，「覺動」是屬於興起大悲心的作用，因此就是以清淨的體性生起大悲作用。

◎三途之苦，指的是哪三途？

在迴向文裡，常常可以聽到：「上報四重恩，下濟三途苦。」，所謂的四重恩是父母恩、師長恩、眾生恩，以及諸佛菩薩的恩。

而所謂三途之苦，要救濟，所謂的三途，分別為火途的地獄、刀途的餓鬼，以及血途的畜生，他們的痛苦。

⊙ 聖無量壽決定光明王陀羅尼

唵　捺摩巴葛瓦帝　阿巴囉密沓　阿優哩　阿納蘇必你　實執沓　牒左囉宰也　怛塔嘠達也　阿囉訶帝　三藥三不達也　怛你也塔　唵　薩哩巴　桑斯葛哩　叭哩述沓達囉馬帝　嘠嘠捺　桑馬兀嘠帝　娑巴瓦比述帝　馬喝捺也　叭哩瓦哩娑喝

❖ **持咒功德**：本咒出自《大乘聖無量壽決定光明王如來陀羅尼經》持誦此咒能使眾生延年益壽，減少苦痛，增福吉祥。其實所有的咒語都有增添壽命的作用，然而專為延長壽命為訴求的咒語則以此咒最為常見，也最能具足延年益壽的福德果報。

⊙ 七佛滅罪真言

離婆離婆帝　求訶求訶帝　陀羅尼帝　尼訶囉帝
毗黎尼帝　摩訶伽帝　真尼伽帝娑婆訶

❖ **持咒功德**：此真言出自於《大方等陀羅尼經》，主要是因為佛祖受文殊師利法王子的請求，為眾生消除前世今生的四重五逆罪所設的咒語，目的在於讓持誦者可以消除自身罪孽，化解惡因惡果。

⌘ 佛教小辭典 ⌘

◎何謂四重五逆罪？

也就是四重罪與五逆罪。四重罪即殺生、偷盜、邪淫、妄語；五逆罪又稱為五重罪，五逆是指：殺害母親、殺害父親、殺害阿羅漢、惡心出佛身血（又作出佛身血）、破僧（又作破和合僧、鬥亂眾僧）等五者，皆屬於罪大惡極者。

⊙ 往生淨土神咒

南無阿彌多婆夜　哆他伽哆夜　哆地夜他　阿彌利都婆毗　阿彌利哆　悉耽婆毗　阿彌利哆　毗迦蘭帝　阿彌利哆　毗迦蘭多　伽彌膩　伽伽那　枳多迦利　娑婆訶

❖ **持咒功德**：往生淨土神咒出自《拔一切業障根本得生淨土陀羅尼經》，內容提到日夜合掌持念此咒各二十一次，可以滅除現世所造罪業、現世所求皆得、不為惡鬼神所亂、往生西方極樂世界，而持念此咒必須身、口、意保持清淨，虔誠持誦，消滅五逆、十惡、謗法等重罪，也就是能

拔去一切業障的根本，阿彌陀佛會時時保佑，可享安樂，臨終則將往生西方極樂淨土。

⊙ 善女天咒

南無佛陀　南無達摩　南無僧伽　南無室利　摩訶提鼻耶　怛你也他　波利富樓那遮利三曼陀　達舍尼　摩訶毗訶羅伽帝　三曼陀　毗尼伽帝　摩訶迦利野　波禰　波囉　波禰薩利縛栗他　三曼陀　修缽黎帝　富隸那　阿利那　達摩帝　摩訶毗鼓畢帝　摩訶彌勒帝　婁簸僧祇帝　醯帝徒　僧祇醯帝　三曼陀　阿他阿耨婆羅尼

❖ **持咒功德：**此咒出於《金光明感應王經》，又稱為大吉祥天女咒。常念此咒，可助人早修成金光明三昧，使念佛懺悔，發願迴向的人，不會分散道心，破「煩惱障」、「業障」以及「報障」等障礙。

⌘ 佛 教 小 辭 典 ⌘

◎什麼是灌頂？

　　「灌頂」本是印度王儲登基時一種宮廷慣例，原意是授權，同時含有培育、播種之意，之後引申為給予修行者聽聞、修學密教佛法的權利。

　　「灌頂」傳法儀式的進行，是由具備資格的上師或仁波切，手持「灌頂壺」，在受法者頭頂上澆灌聖水，此舉隱含著授予力量的象徵意義，亦被認為是把不可思議的力量，灌注在受法者的內心，並能令其發揮功效及力量。

　　在完成「灌頂」傳法儀式後，受灌者可直接進入密教的修持階段，因此灌頂被視為密教的根基。

◎**灌頂壺：**

灌頂壺又稱為「本巴」，可分為淨水瓶、沐浴瓶、金瓶。淨水瓶以銅或銀製成，底高瓶頸長，表面刻有花紋。沐浴瓶也是銅或銀製成，瓶蓋上插著孔雀翎。金瓶又成為金本巴，是密宗特有的法器之一。

⊙ 四小咒

又稱為「加持四小咒」，一般在供香之後，雙手合掌後各稱念一遍或七遍或二十一遍，這四小咒都屬於「一字真言」系列的咒，所謂一字咒是所有咒的「咒王」，也就是經常持誦，可以具有不可思議的大功德之意，持誦時，可接著續念。

四小咒的咒語及持咒功德敘述如下：

四小咒名稱	四小咒內容	四小咒持咒功德
❖ 淨法界真言	嗡　覽姆	讓一切法界轉為清淨。
❖ 文殊根本咒	嗡　齒林姆	也叫文殊護身咒，持誦保佑身心平安。
❖ 大輪一字咒	嗡　勃魯姆	為文殊菩薩保護行者的咒，經常持誦能獲吉祥圓滿。
❖ 三皈依真言	嗡　僕刊姆	又稱為毗盧遮那佛三身真言，經常持誦即可事事如願，就如同身處佛國的境界。

⊙ 準提佛母心咒

嗡　者利主利　準提　梭哈

❖ **持咒功德：**準提菩薩是三世諸佛之母，因此其加持威力不可思議，經常持誦，可得智慧、夫妻間相互敬愛、滅除罪業等等，對於種種祈願，皆可達成。

⊙ 如意輪咒

唵　帕摩無許尼夏畢瑪雷　吽呸

❖ **持咒功德：** 如意輪咒又稱滿願輪咒，每天持珠念誦七遍，可清除業障，功德無量，常持此咒能使憶前世，預見來世。供香時持念如意輪咒六遍，供養偈一遍「願此香華，普遍十方，供養三寶，護法龍天，普薰眾生，同入佛智。」

⊙ 黃財神心咒

嗡　針巴拉　查令　查那耶　梭哈

❖ **持咒功德：** 黃財神為諸財神護法之首，持誦黃財神心咒，有助於財源廣進，免於貧窮困苦，修持此咒需發菩提心，廣結善緣，樂善好施，利益眾生，方能如願。若貪念過多，則反而墮入餓鬼道。

⌘ 佛教小常識 ⌘

◎ 黃財神：

在藏傳佛教中，也有財寶本尊與財神的供養法門，藏傳佛教中最常見的財神本尊是黃財神，黃財神藏名「藏拉色波」，是藏傳佛教各大教派普遍供養之護法神祇，為諸財神之首，因其身相金黃，故稱黃財神。

黃財神是護法的天神兼具施福的神尊，面貌莊嚴，身形雄壯，頭飾五佛冠，一手持如意寶瓶，一手握著寶鼠，象徵數也數不盡的無窮財寶與吉祥富貴，身著天衣及珠寶瓔珞為裝飾，胸掛

⊙ 尊勝佛母心咒

唵　普隆　梭哈

唵　阿彌陀　阿優達底　梭哈

❖ **持咒功德**：尊勝佛母為主長壽與淨除業障之本尊。重病臨終前，聞此咒，消病障，不墮惡趣，往生淨土，不再胎生。向動物持此咒，可使動物脫離畜生道。常持念尊勝佛母心咒，可以延長壽命，淨除無明障，消除疾病。

⊙ 白度母心咒

嗡　達咧都　達咧都　咧瑪　瑪阿優爾　布　涅嘉那　布咕如　梭哈

❖ **持咒功德**：持誦此咒，可得長壽、消病苦，避開災劫及魔障，當心中有所求時，可經常持誦，能如願圓滿。

念珠，右足踩海螺天寶，左曲足以如意姿勢安坐於蓮花月輪上。黃財神的身、口、意、福業、功德等又化身成五色財神，即黃財神為意、紅財神為口、白財神為身、藍財神為福、綠財神為功德化身，而黃財神是集所有財神的化現總合，眾生修習財神法的功德利益殊勝。

　藍蓮花黃財神為北方司財眾部之首，掌諸寶庫，故修持黃財神法、持誦其密咒，可消滅六道窮苦，增長福德、壽命、智能，以及一切物質與精神上的受用，財源茂盛，免除貧窮。修習財神法門，只要以虔誠之心持誦念咒，即可獲得黃財神的加持庇佑，能使人財利俱足，免除經濟壓力及一切的窮境，更能增長福德智慧並延壽。

⊙ 綠度母心咒

唵　達咧　都達咧　都咧　梭哈

❖ **持咒功德：**持綠度母根本咒，能增長壽命、福慧、除災障、滿願求，具諸功德，速證菩提，往生極樂，因此是經常被持誦的咒語。

⌘ 佛教小常識 ⌘

◎度母的由來：

度母是聖救度佛母的略稱，為藏傳佛教的重要本尊之一。中國古代稱之為多羅菩薩，或多羅觀音。

根據《度母本源記》所載，觀世音菩薩觀察六道眾生，發現未被救度的眾生仍不減少，於是菩薩憂悶不視，眼中流出眼淚。其淚化成蓮華，蓮華又化成聖救度佛母，接著轉化成二十一尊度母化身。佛母向觀自在菩薩表示：「汝心勿憂悶，我為汝伴助，作度脫無量眾生之事業。」，並說偈言：「汝心勿憂悶，我誓為汝助；眾生雖無量，我願亦無量。」從此度母即開始廣度眾生，普聞十方世界。度母意指救度一切眾生的佛母。這是「救度佛母」名號的由來。。西藏流傳最廣的是綠度母與白度母。

❖ **綠度母：**

綠度母現妙齡女子相，全身綠色，故稱為綠度母。其形象常見於壁畫與唐卡之中，是西藏密宗裡最美麗又慈悲的女神，一面二臂，慈悲形相，頭戴五佛寶冠，身掛各種珠寶，穿各色天衣，下身重裙，以為莊嚴。在蓮華月輪上，坐菩薩座，右足蹍，左足蹻。右手向外置於右膝上，作施願印，並持烏巴拉花。左手當心持烏巴拉花。

綠度母以女身慈悲護眾的勝妙因緣應化度世，全身以有形的綠色示喻；他有如綠地肥壤一般的慈德，心地善好善妙；

具足養份、靈氣而生長萬物。似如圓具純淨的善德資源，可潤澤於眾，慈憫饒益於人；令一切眾生樂於親近供養，得到自然的歡喜、滿願。

依西藏佛教所傳，修持綠度母密法，能斷生死輪迴，消除一切魔障、業障、病苦等，能消災、增福延壽，廣開智慧，凡有所求，無不如願成就，命終往生極樂世界。

❖ 白度母：

二十一度母源於綠度母，卻各有其殊勝功德，白度母便是為眾生賜予長壽的度母。藏傳佛教裡，有許多延壽本尊，這些延壽本尊中，最著名的是白度母、尊勝母及無量壽佛，他們三尊合稱為長壽三尊。

白度母藏音譯卓瑪嘎爾姆，是西藏最受尊敬、寺廟中最常見的是白度母。白度母據說性格溫柔善良，非常聰明，沒有能瞞得過她的祕密。人們總愛求助於她，又稱為救度母；白度母身色潔白，面目端莊祥和，雙手和雙足各生一眼，臉上有三眼，因而又稱為七眼佛母。相傳額上一目觀十方無量佛土，其餘六母觀六道眾生。她的形象為頭戴花蔓冠，烏法挽髻，雙耳墜著大環，穿麗質天衣，上身袒露，勁掛珠寶瓔珞，斜披珞腋。雙腳盤坐在盛開的蓮座上，右手膝前施接引印，左手當胸以三寶印撫烏巴拉花，花莖曲蔓至耳際。左持一朵曲勁蓮花，右手掌向上，表示原意幫助人解難。

◎ 白度母與綠度母：

白度母為二十一度母之一，是一切眾生尤其是女性的無比聖神，是保佑心想事成，賜壽除障的如意寶。綠度母集二十一度母之功德於一身，能消除病痛邪風，妖魔鬼怪等外部之障與貪嗔癡等內部之障，勇猛無比，形隨眾生，變幻莫測。藏傳佛教認為生信者只要一念及，即能以兄弟姐妹之情傾力相助，堪稱眾女神之王。

◎ 修持的功德：

修持白度母法，能增長壽命和福慧，斷輪回之根，免除一切魔障瘟疫病苦，凡有所求無不如願。

修度母法者，一切罪業消滅，一切魔障消滅，能救一切災難。而且無子息者，求男得男，求女得女，求財得財，長受富貴，皆能遂願，成就急速，其功德利益無量。

【其他常念咒語】

咒語名稱	咒語內容
❖ 地藏王菩薩心咒	嗡　結達薩　嘎　巴將梭哈
❖ 蓮華生大士心咒	嗡阿吽　班札格魯　巴瑪　悉地吽
❖ 阿彌陀佛一字心咒	唵　阿彌爹哇舍
❖ 作明佛母心咒	唵　咕嚕　咕列　啥　梭哈
❖ 報父母恩咒	南無密利多　多婆曳　娑訶
❖ 除障菩薩真言	嗡　沙瓦　尼瓦那　比堪匹尼吽吽呸
❖ 加持足底咒	嗡　該雜那　嘎　納吽西　娑訶
❖ 加持念珠咒	嗡　嚕西那嘛尼　札爾瓦　打雅吽
❖ 阿彌陀佛大樂心咒	嗡阿　彌得　瓦阿　依斯德　吽舍
❖ 補闕真言	嗡　都嚕都嚕　渣牙木卡　娑訶
❖ 大寶廣博樓閣善住祕密陀羅尼咒	嗡　嗎尼發幾裡　吽
❖ 阿彌陀佛往生心咒	嗡　唄　瑪　達　列　吽

持咒功德
多持誦此咒，可拔除根本業障，得無量殊勝。
平時念誦十萬遍或百萬遍等數，能利益所有眾生的心願，具足無邊的力量。
此咒是阿彌陀佛方便讓眾生，能往生西方極樂淨土的心咒，又稱為彌陀心印，平常持念可以消除疾病、去除災厄、往生極樂世界。
屬於阿彌陀佛蓮華部的法門，此咒主懷愛法，以眾生本具有慈愛懷柔，盡攝法界眾生圓滿。經常持誦此咒，可得人天福報，廣結善緣。
若能每天持誦此咒，並將此功德迴向給父母，過去七世的父母可助其往生淨土，現世父母為其增福增壽，每年農曆七月，每日持念四十九遍，更具報答父母恩之效果。
經常持念這個咒語，能得往生西方極樂世界沒有障礙，若是參加助念時，持念此咒，可幫助對方往生淨土。
持誦此咒三遍，再對足底吹口氣，則當天在無意中踩死足下的小蟲或螞蟻之命，可得生三十三天。
持誦加持念珠咒語，念七遍後，吹一口氣在念珠上，所持誦的佛號與咒語，可變成千萬遍的功德。
在地獄、鬼道、畜生等三道，只要聽到阿彌陀佛心咒，皆可業障消除、得脫離三惡道，往生西方淨土。
如能在所念的佛號、經、咒語後，持誦七遍此咒後迴向，即可獲得千萬倍的功德，具足圓滿。
也叫善住咒，常念此咒，一切所做、所求皆得圓滿，消除身上的病苦，現世不再受恐怖、盜賊的威脅。
常念此咒，能消除一切業障，得往生西方極樂世界，得生淨土。

第3章　持珠觀音的法相

　　觀世音菩薩為民間所普遍崇信，與普羅大眾的因緣也非常深厚，由於對觀世音菩薩信仰普及，應眾生的祈求，因此觀世音菩薩示現多種不同身相以救苦救難，例如：「千手千眼觀音」、「十一面觀音」、「準提觀音」、「如意輪觀音」、「不空絹索觀音」、「水月觀音」、「竹林觀音」、「琉璃觀音」、「送子觀音」、「馬頭觀音」等等。其中有些觀世音菩薩的法相是以持念珠的形象示現，一般稱之為持珠觀音，以下分別介紹六尊常見的持珠觀世音菩薩之法相。

✿ 準提觀音

　　準提譯為清淨，是護持佛法，能斷滅眾生惑業罪障為眾生延壽護命的菩薩。

　　屬於密教六觀音之一的準提觀音，具有三目十八臂的造型，很多人常常將其誤認為千手千眼觀世音菩薩，其實準提觀音的信仰盛行久遠。

　　十八臂準提菩薩持著各種法器，每隻手或結印、或持劍、持念珠、金剛杵等物，不過有些準提菩薩的圖像，也有二臂、四臂的示現，無非就是為了救度廣大眾生所方便展現的形像。

　　《七俱胝佛母所說準提陀羅尼經》記載：

❖ 準提觀音身體黃白色、結跏趺坐在蓮花上，具有三目，左右二手上作說法印，右第二手結施無畏印，能佈施無畏予一切眾生。

● 觀世音菩薩

❖ 右第三手持劍：亦即以智慧之劍來破除三毒、五欲等諸煩惱。

❖ 右第四手持念珠：念珠代表智慧，每轉一珠，斷除煩惱的緣故，能斷除一百零八種煩惱，修證成就一百零八種三昧，具足諸法妙德神力不可思議。

❖ 右第五手持「微惹布羅迦果」：有說為吉祥果，它的形狀青圓，或有一說為石榴，表圓滿萬行萬善的種子，彰顯佛果圓滿功德的意涵，而佛母尊多持此物，以其子多的緣故，表能出生佛子之義。

❖ 右第六手持鉞斧：能摧破無明、難斷的惑障。

❖ 右第七手持鉤：表示能鉤召一切眾生，令入本有內證的法界宮；又表此尊具有召入如來寂靜智德的緣故，所以持鉤。

❖ 右第八手持三股金剛杵：「三股杵」即「跋折羅」，能滅貪、瞋、癡三毒。

❖ 右第九手持寶鬘：表示平等性智的功德。

❖ 左第二手持如意寶幢：對於無福慧的貧乏眾生，能施與願求。

❖ 左第三手持蓮花：表示一切諸法自性清淨的意義，能清淨人界中的三毒、五欲等一切的非法之事。

❖ 左第四手持澡罐：澡罐是指水瓶，能盛滿一切物。

❖ 左第五手持索：索是指絹索，可降伏惡魔、難調伏者。

❖ 左第六手持法輪：輪回流轉寂滅，破除二十五種生死流轉的存有。

❖ 左第七手持法螺：吹大法螺表示能降眾生一切煩惱及障礙。

❖ 左第八手持賢瓶：瓶內裝有甘露水，表示能以甘露水施予一切眾生。

❖ 左第九手持般若梵筐：般若梵筐表示智慧，能成就上正等正覺。

　　有些佛教徒見到準提菩薩像，容易誤以為是千手千眼觀音菩薩。其實千手千眼觀音的塑畫像，通常都是二十七目四十臂（加上合掌、定印之二手則為四十二臂），各手所持之物也與準提菩薩不同，因此可以藉此清楚區分。

🪷 千手千眼觀世音

千手千眼觀世音，指的是觀世音菩薩具有千手、千眼，每個手掌也都各有一個眼睛，也稱為千手千眼觀自在、千手聖觀自在、千手觀音等。

依據《大悲心陀羅尼經》記載，觀世音菩薩具足千手千眼的緣故是由於過去無量億劫有千光王靜住如來出世，因憐念一切眾生，所以宣說廣大圓滿無礙大悲心陀羅尼，觀世音菩薩聞此咒，就從初地直超第八地

菩薩境界，心得歡喜，因而發起身生出千手千眼以利益安樂一切眾生的廣大誓願，並應時身上具足千手千眼。

其中千手千眼觀世音的千手，有四十手（也有一說為四十二手）持器杖或作印相，其餘手不持器杖。

依據《大悲心陀羅尼經》、《千光眼觀自在菩薩祕密法經》所載，四十手所持之物與所作的印相為：如意珠（豐饒資具）、念珠（佛來授手）、寶鉢（除腹中病）、寶劍（降伏魍魎鬼神）、跋折羅（降伏天魔）、金剛杵（催怨敵）、絹索（表安穩）、施無畏印（表除怖）、日精摩尼（得眼明）、月精摩尼（除熱毒病）、寶弓（得仕官）、寶箭（遇益友）、楊枝（除病）、白拂（除惡障）、胡瓶（善和眷屬）、旁牌（表辟除惡獸）、斧鉞（離官難）、玉環（得男女僕使）、白蓮華（得功德）、青蓮華（生淨土）、寶鏡（得智慧）、紫蓮華（見諸佛）、五色雲（成就仙法）、軍持（生梵天）、紅蓮華（生諸天宮）、寶螺（呼召善神）、寶鐸（得妙音聲）、寶印（得辯才）、俱尸、鐵鉤（善神擁護）、錫杖（得慈悲心）、合掌（人非人愛念）、化佛（表不離佛邊）、化宮殿（不處胎宮）、寶經（得聰明多聞）、不退金輪（菩提心不退）、頂上化佛（得佛授記）、蒲桃（表稼穀成熟）、寶篋（得伏藏）、寶戟（除賊難）、髑髏杖（使令鬼神）。另外在加上甘露手為四十一手，或中央蓮華合掌與入定印為四十二臂。

《千光眼觀自在菩薩祕密法經》說：「大悲觀自在，具足百千手，其眼亦復然，作世間父母，能施眾生願。」其中所指的千之意，就是無量圓滿的意思。所以「千手」象徵觀世音大悲利他的方便無量廣大，「千眼」象徵他應物化導時，觀察機根的智慧圓滿無礙。《大悲心陀羅尼經》記載，誦持千手千眼觀自在的陀羅尼真言者，可免受飢餓死、惡獸殘害死等十五種惡死，而得眷屬和順、財食豐足等十五種善生，以及治療各種疾病、蟲毒、難產、死產等。

十一面觀音菩薩

　　十一面觀音，梵名音譯為「瑿迦娜舍目佉」，意譯「十一首」、「十一最勝」，是觀世音菩薩的化身，由於形像具有十一頭面，因而通稱為十一面觀音，全稱為十一面觀音菩薩。

　　在《佛說十一面觀音神咒經》所載，觀世音菩薩稟告白佛：「世尊，我有心咒，名十一面，此心咒為十一億諸佛所說。我今說之，為一切眾生故，欲令一切眾生念善法故……欲除一切諸魔鬼神障難不起故。」此為十一面觀音神咒的由來。持此神咒者，可得十種功德，如：無病、常念佛、衣食充足、臨終見佛、永不墮地獄、不為一切的禽獸所害、命終之後生無量壽國等等。因此祈求十一面觀音，對於除病、滅罪最為殊勝。

　　對於十一面觀音的尊形，不同的經典也有不同的記載，有二臂、四臂甚至八臂者皆有，依《十一面觀世音神咒經》所說，其形像為：「身長一尺三寸，作十一頭，當前三面作菩薩面，左廂三面作瞋面，右廂三面似菩薩面，狗牙上出，後有一面作大笑面，頂上一面作佛面，面悉向前，後著光。又，其十一面各戴花冠，其花冠中各有阿彌陀佛。觀世音左手把澡瓶，瓶口出蓮花；展其右手以串瓔珞，施無畏手。」

　　到底十一面觀音所示現的十一面，有何特殊的意義？

　　依《十一面神咒心經義疏》記載，頂上的佛

面表示佛果，前三面慈相，見善眾生而生慈心，大慈與樂，至於左三面的大瞋，是見惡眾生而生悲心，大悲救苦；右三面白牙上出相，是見到了淨業眾生，所發出的讚嘆、勸進之相；最後一面暴大笑面，是見到善惡雜穢眾生，為使其改惡向道所生的怪笑相。

　　十一面觀音在密教胎藏界曼荼羅中，位列在蘇悉地院的最左端，具四臂，其右第一手結施無畏印，第二手執念珠，左邊第一手持蓮花，第二手持軍持（即瓶）。蓮花表眾生本具的自性清淨心，軍持瓶是常養蓮花的大悲甘露水，念珠代表精進義，對一切眾生施無畏故結施無畏印。又有人認為：念珠表根本智、大圓鏡智、智斷煩惱，所以為調伏義。施無畏乃身口意三業的化用，是成所作智，為息災義。蓮花表觀音之體，是妙觀察智。花為人所愛，所以是敬愛義。軍持瓶代表以甘露之智水潤澤一切眾生，是平等性智，為增益之義。四智總體為法界體性智，所以十一面觀世音又為蓮華部五智圓滿之尊。

四臂觀音

　　為藏密大悲觀音的主尊，亦為雪域的護佑之主，是密乘行者必修的法門，其代表著大悲、大智、大力，與金剛手菩薩、文殊菩薩合稱「三族性尊」。

　　身白色的四臂觀音，金剛跏趺座，頭戴五佛冠，身披殊勝珠寶瓔珞，黑髮結髻，右前臂持水晶念珠，左前臂持青蓮花，中間二掌握

如意摩尼寶珠，寂靜含笑的面貌，以慧眼凝視眾生，令祈請眾生，皆得解脫。

四臂觀音的頭代表法界一昧，四臂代表著發心四願，而身白色代表自性清淨無垢，不為煩惱、所知二個障礙所蒙蔽。

在藏傳佛教裡，以四臂觀音為「嗡 嘛呢叭咪吽」六字大明咒的主尊，用以加持六道眾生。可以消除身體上的病苦，非時而死的恐懼，還可壽命增加，財富充盈。命終之時，可使通往三惡道諸門封閉，而往生善道，並得以學佛法、成就無上菩提等，利益功德非常大，因此六字大明咒是中國與西藏佛教傳弘最廣的真言。

如意輪觀音

如意輪觀音，梵名因譯為振多摩尼，意譯為如意珠輪。如意輪觀音的形象種類繁多，有兩臂、四臂、六臂、八臂、十臂、十二臂等，但是最為常見為六臂的如意輪觀音。《如意輪瑜珈念誦法》裡所述：「六臂身金色，頂以寶莊嚴，冠坐自在王（彌陀）住說法相。第一手思惟，愍念有情故。第二手持如意寶，能滿一切願。第三手持念珠，為度傍生苦。左手按光明山，成就無傾動。第二持蓮手，能淨諸非法。第三挈輪子，能轉無上法。六臂廣博體，能遊六道，以大方便，斷諸有情苦。」

《如意輪陀羅尼經》記載，此陀羅尼有大威神力，能滿足有情眾生的一切勝願。其

作用分別為世間與出世間而言。所謂世間的作用，就是誦念課法之時，能勝願成就，攝化有情，富貴資財與勢力威德都得以成就。出世間的作用，則是能具足福德慧解、資糧莊嚴悲心增長，濟度有情，眾人敬愛。此陀羅尼有這兩大殊勝功能，因此後世有不少佛教徒修持。因此，以如意輪觀音為本尊，為了福德增起、意願滿足、諸罪滅滅、諸苦拔濟的動機所修此法，稱之為如意輪觀音法或如意寶珠法。

不空絹索觀音

　　不空絹索觀音，全名為不空絹索觀世音菩薩，又稱不空王觀世音菩薩。不空絹索觀音的「不空」意指心願不空，「絹索」原意是指古代印度在戰爭或狩獵時，用來捕捉獵物或敵人的繩索。「不空絹索」則是象徵觀世音菩薩以慈悲的絹索，救度化導眾生，使其心願不會落空之意。

　　不空絹索觀音在胎藏界中的觀音院內，形相為三面四臂。每面皆有三眼，正面為膚色，右為青面，左為黑臉，表示三德之意。右邊第一手持念珠，第二手執軍持。左第一手持蓮華，第二手攜絹索。身披鹿皮袈裟，兩足以左安右上盤坐。

　　經典記載，凡如法受持不空絹索心王母陀羅尼者，現世可得無病、富饒、無橫災等二十項功德，臨終可得無病痛、觀音涖臨勸導等八種利益，還有護國佑民、防止天災地變等功德。

挑選佛教念珠的重點

菩提類念珠、果實果核類念珠

　　製作成上選的菩提類與果實類念珠，正圓珠子最好，圓形代表著圓滿如意的象徵，除非本身材質有特殊形狀，而呈現橢圓或其他不規則形狀者，最好選擇正圓形珠子所串成的念珠，整串念珠的珠子顆粒大小最好大致相同為佳。天然材質的念珠，持用日久會因摩擦使用與接觸人體的因素，潤澤度日益倍增，顏色也會因為使用時間日久顏色漸深，購買時選定色澤圓潤光滑，材質堅硬，表面沒有裂痕或氣泡，也不要有坑洞的念珠材質為佳（材質本身的坑洞原因除外，例如：五眼六通就有多個小孔、鳳眼菩提每顆皆有一孔、龍眼菩提材質上顆粒皆有一個三角眼痕跡、金剛子材質原本就呈現凹凸不平狀等）。

原木類念珠

　　原木類念珠皆是原木材質拋光製成的，因此正圓珠子最好，圓形代表著圓滿如意的象徵，選擇正圓形珠子所串成的念珠，整串念珠的珠子顆粒大小最好相同為佳。原木類念珠使用久了會因摩擦與接觸人體的因素，潤澤度倍增，顏色漸深，更添念珠的質感，購買時選定色澤圓潤光滑，材質堅硬，表面沒有裂痕，聞起來有淡淡的原木香氣，有清新提神的效用才是優質的原木念珠。

礦物玉石類念珠

　　礦物玉石類的念珠，因為硬度不一，挑選時注意是否有裂痕、碰撞缺角、刮痕等等，再則有機礦石常會有雜質或氣泡的產生，盡量選擇較為純淨，無氣泡的材質為佳，當然，愈是純淨無雜質的礦物玉石類，其等級與價格愈高。通常水晶、玉石類的念珠，質材冰冷、雜質愈少為上品，琥珀類念珠質輕，用火點燃會有一股香氣。天然礦石類沒有完全相同的，也很難找到完美無瑕，因此只要視其念珠的珠子有無裂痕、氣泡等瑕疵即可。

[附錄二]

 # 佛教念珠購買情報

台灣北部

❖ 全德佛教文物台北廣場
⊙地址：台北市光復南路49號
☎TEL：02-87879050

❖ 十方佛教文物中心
⊙地址：台北市師大路156號
☎TEL：02-23650789

❖ 妙法堂
⊙地址：台北市四平街55號4樓
☎TEL：02-25020331、25037776

❖ 臧巴拉佛教文物中心
⊙地址：台北市民生東路2段104號
☎TEL：02-2100-1919

❖ 竹苑佛教文物社
⊙地址：台北市北投區石牌路2段90巷15號
☎TEL：02-28219346

❖ 嘉南佛教文物有限公司
⊙地址：台北市大同區酒泉街77號
☎TEL：02-25930915、25953940

❖ 藏傳佛教文物
⊙地址：台北市民權東路五段78號
☎TEL：02-27676698

❖ 台北佛光山普門寺佛教文物流通處
⊙台北市民權東路三段136號11樓
☎TEL：02-27121177

❖ 妙音佛教文物
⊙地址：台北市內湖區成功路4段298號
☎TEL：02-27915833

❖ 千佛莊佛教文物中心
⊙地址：台北市大安區信義路三段172號
☎TEL：02-27096288

❖ 天華出版事業股份有限公司
⊙地址：台北市士林區忠誠路2段168號
☎TEL：02-28736629

❖ 佛化人生佛教圖書文物中心
⊙地址：台北市羅斯福路3段325號6樓之4
☎TEL：02-23632489

❖ 佛法佛教文物社
⊙地址：台北市桂林路27號
☎TEL：02-23311396

❖ 佛教書局
⊙地址：台北市桂林路41號2樓
☎TEL：02-23120529

❖ 嘉南佛教文物
⊙地址：台北市酒泉街77號
☎TEL：02-25930915

❖ 板橋佛教文物流通處
⊙地址：台北縣板橋市校前街39巷3號
☎TEL：02-29563801

❖ 佛光文化事業有限公司
⊙地址：台北縣三重市三和路3段117號
☎TEL：02-29800260

桃竹苗地區

❖ 大行佛教文物
⊙地址：桃園縣蘆竹鄉奉化路204號
☎TEL：03-3526847

❖ 日豐堂佛教文物精品中心
⊙地址：桃園市永光街113號（永康街口）
☎TEL：03-3352596

❖ 慧光佛門文物中心
⊙地址：新竹市博愛街27號
☎TEL：035-718929

❖ 慈音佛教文物
⊙地址：苗栗市中正路924號
☎TEL：037-320134

台灣中部

❖ 全德佛教文物台中廣場
⊙地址：台中市文心路一段552號
☎TEL：0423288786

❖ 名揚佛教文物藝術中心
⊙地址：台中市中港路二段4-6號
☎TEL：04-23136185

❖ 佛教永春書局
⊙地址：台中市南屯區永春東路884號
☎TEL：04-3846662

❖ 圓堂佛教文物
⊙地址：台中市西屯區重慶路289號
☎TEL：04-23160652

❖ 殊勝寶物佛教文物
⊙地址：台中市西屯區市政路628號
☎TEL：04-22521301

❖ 彰化佛教文物流通處
⊙地址：彰化市中正路1段93號
☎TEL：04-7225502

台灣南部

❖ 禪味佛教文物中心
⊙地址：台南市開山路201號
☎TEL：06-2261980

❖ 台南佛教文物流通社
⊙地址：台南市懷恩街20號
☎TEL：06-2385281

❖ 文殊講堂一佛教書局
⊙地址：高雄市前鎮區嘉陵街2號
☎TEL：07-3307970

❖ 十如是佛教文物
⊙地址：高雄市光華一路148-39號
☎TEL：07-7229944

❖ 慈恩佛教文物中心
⊙地址：高雄市新興區仁愛一街302號
☎TEL：07-2812050

❖ 滿香園佛教文物
⊙地址：高雄縣大樹鄉興田村興田路
116之12號
☎TEL：07-6563174

❖ 法緣佛教文物
⊙地址：高雄市新興區七賢一路82號
☎TEL：07-2231009

台灣東部

❖ 慧心佛教文物社
⊙地址：宜蘭縣羅東鎮南寧路24號
☎TEL：039-58578

❖ 順光佛像中心
⊙地址：花蓮市中華路264-2號
☎TEL：038-353705

❖ 東普佛教文物流通處
⊙地址：台東市博愛路282號
☎TEL：089-327519

國家圖書館出版品預行編目資料

佛教念珠全書　心舫 編著

初版 .-- 臺北市：商周出版：家庭傳媒城邦分公司發行，

2008.10　面；　公分（人與宗教；31）

ISBN 978-986-6571-39-8（平裝）

1. 佛教法器

224.18　　　　　　　　　　　　　　　　　97016622

佛教念珠全書

編　　　者／心舫
責 任 編 輯／謝函芳、陳玳妮

版　　　權／翁靜如
行 銷 業 務／李衍逸、黃崇華
總 編　　輯／楊如玉
總 經　　理／彭之琬
發 行　　人／何飛鵬
法 律 顧 問／元禾法律事務所　王子文律師
出　　　版／商周出版
　　　　　　台北市 104 民生東路二段 141 號 9 樓
　　　　　　電話：(02) 25007008　傳真：(02)25007759
　　　　　　E-mail：bwp.service@cite.com.tw
　　　　　　Blog：http://bwp25007008.pixnet.net/blog
發　　　行／英屬蓋曼群島商家庭傳媒股份有限公司城邦分公司
　　　　　　台北市中山區民生東路二段 141 號 2 樓
　　　　　　書虫客服服務專線：(02)25007718；(02)25007719
　　　　　　服務時間：週一至週五上午 09:30-12:00；下午 13:30-17:00
　　　　　　24 小時傳真專線：(02)25001990；(02)25001991
　　　　　　劃撥帳號：19863813；戶名：書虫股份有限公司
　　　　　　讀者服務信箱：service@readingclub.com.tw
　　　　　　城邦讀書花園：www.cite.com.tw
香港發行所／城邦（香港）出版集團有限公司
　　　　　　香港灣仔駱克道 193 號東超商業中心 1 樓
　　　　　　E-mail：hkcite@biznetvigator.com
　　　　　　電話：(852) 25086231 傳真：(852) 25789337
馬新發行所／城邦（馬新）出版集團【Cite (M) Sdn. Bhd. 】
　　　　　　41, Jalan Radin Anum, Bandar Baru Sri Petaling,
　　　　　　57000 Kuala Lumpur, Malaysia.
　　　　　　Tel: (603) 90578822　Fax: (603) 90576622
　　　　　　Email: cite@cite.com.my

文 物 提 供／全德佛教事業機構
封 面 設 計／王小美
美 術 設 計／陳玉韻
攝　　　影／周禎和
印　　　刷／韋懋印刷事業有限公司
經 銷　　商／聯合發行股份有限公司
　　　　　　電話：(02) 2917-8022　Fax: (02) 2911-0053
　　　　　　地址：新北市 231 新店區寶橋路 235 巷 6 弄 6 號 2 樓

■ 2008 年 10 月 07 日初版
■ 2019 年 03 月 26 日二版
定價 400 元

Printed in Taiwan

城邦讀書花園
www.cite.com.tw